# 齿轮箱新型故障诊断技术及案例分析

王俊元　著

科学出版社

北京

# 内 容 简 介

齿轮箱工作中受外部环境干扰时,其故障特征易被噪声淹没。因此对故障信号进行特征提取是齿轮箱故障诊断的重点和难点。本书从三个方面阐述故障特征的处理方法。在降噪算法上,通过对原有方法的自适应改进,分别提出自适应基于短时傅里叶变换的维纳(AWT-STFT)滤波器方法、自回归滑动平均模型和多点最优最小反褶积调整(ARMA-MOMEDA)方法及自适应奇异谱分解(ASSD)方法。针对时频分析技术中存在模态混叠的问题,优化奇异谱分解方法,提出基于多目标粒子群优化算法的自适应变分模态分解(VMD)方法、基于自适应混沌灰狼优化(CGWO)算法、SG 滤波器和改进的拉普拉斯高斯(SGMLoG)滤波器算法。在智能故障诊断方面,提出基于复合多尺度极差熵的轴承故障特征提取方法及基于多局部均值的零阶自主学习多模型分类器(MLMALMMo-0)的滚动轴承故障识别方法。此外,还基于自适应稀疏谱分解变分模态分解(ASSD-VMD)方法对滚动轴承的早期故障进行诊断与分析、基于自适应滤波短时傅里叶变换(AWF-STFT)与自适应奇异谱分解方法(SSD)对齿轮箱故障进行诊断与分析。

本书可供从事齿轮箱设计、使用和维护等相关领域工作的技术人员学习参考,也可供相关技术人员在日常齿轮箱设计、实验、维护等工作中使用,还可作为从事齿轮箱应用技术工作的工程师的工作指导书。

**图书在版编目(CIP)数据**

齿轮箱新型故障诊断技术及案例分析 / 王俊元著. -- 北京 : 科学出版社, 2025.4. -- ISBN 978-7-03-080198-2

Ⅰ. U260.332

中国国家版本馆 CIP 数据核字第 2024UG3453 号

责任编辑:杨 昕 宋 芳 / 责任校对:王万红
责任印制:吕春珉 / 封面设计:东方人华平面设计部

**科 学 出 版 社** 出版
北京东黄城根北街 16 号
邮政编码:100717
http://www.sciencep.com
北京中科印刷有限公司印刷
科学出版社发行 各地新华书店经销
*
2025 年 4 月第 一 版 开本:787×1092 1/16
2025 年 4 月第一次印刷 印张:9 3/4
字数:226 000
**定价:126.00 元**
(如有印装质量问题,我社负责调换)
销售部电话 010-62136230 编辑部电话 010-62138978-2032

# 前　言

随着现代科学技术的不断发展，机械设备正朝着系统更复杂、性能更高、速度更快、设计更精密、操作更智能的方向快速发展。与此同时，由于机械设备内部组成结构的复杂性与精密度，查找可能会影响机械设备正常运行的因素或预测产生机械故障的原因变得越来越困难。

齿轮箱是机械设备中一个重要的机械部件，广泛应用于重工业、航天、汽车、风力发电等众多领域。与一般的机械部件相比较，齿轮箱大多在高速、重载、变速等工况下运行，内部零部件经常处于长时间的高强度工作状态，因此齿轮箱是机械设备中容易发生故障的部件。

齿轮箱内部零部件在初期产生故障时会因各种背景噪声或周围环境因素的干扰而极难被发现。如果通过某种方法能够在齿轮箱内部零部件产生故障初期就及时发现，并且能够准确地分析失效零部件的故障种类，就能够提前预知风险并及时规避，减少在工业生产中因齿轮箱内部零部件发生故障而带来的损失。

故障诊断技术是指通过一些方法获取机械设备运行时的状态数据，确定整个机械设备或局部零部件的工作状态是否正常，在故障产生初期能够及时发现，并能预报故障发展趋势的一门技术。它的主要作用是判断机械设备需要进行故障诊断的故障种类，确定机械设备内部产生故障的具体位置，从而能够及时发现机械设备内部零部件发生的具体故障。故障诊断技术中的振动信号处理过程可以简单地概括如下：首先通过信号传感器采集机械设备运行过程中产生的数字振动信号；接着以时间为横坐标，以信号幅值为纵坐标建立坐标系，绘制数字振动信号坐标图，将此坐标图称为振动信号的时域图；最后利用傅里叶变换、小波变换和瞬时参数估计等方法对其进行处理，从而得到机械设备故障特征信号的波形图及频域图。在这个过程中用到的许多故障诊断方法是由数学领域中的相关概念转换而来的。通常判断一种故障诊断方法是否成熟、可靠且高效的指标有多个，包括该方法对多种信号的故障识别能力指标，即灵敏度指标；该方法对多种信号复合进行分离的指标，即分辨能力指标；该方法对故障信号诊断时发生误诊断的指标，即失误率指标；该方法是否能够在面对不同的振动信号时进行相应参数调整的指标，即自适应能力指标；该方法在复杂环境下抗干扰能力的指标，即鲁棒性指标。

综上所述，持续进行研究开发并不断创新出高效且适用于齿轮箱的故障诊断方法，对于预防现代工业生产中由于机械设备内部零部件失效的原因而导致的安全隐患至关重要。这不仅有助于保障企业的经济效益，同时也确保生产人员的人身安全，因此具有深远的意义。

根据著者在齿轮箱故障诊断方面的多年研究，本书较详细地为读者呈现一些先进的齿轮箱故障诊断技术，在内容编排上遵循由浅入深、循序渐进的原则，并注重各部分内容的相互关联与渗透，通过丰富的应用案例，旨在加强理论知识与实际检测操作间的联系，并适量引入新兴技术，以拓宽视野；在内容讲解上，强调基本原理、数学分析、物理概念与实际应用的有机结合，追求理论性、实用性与创新性的统一。

本书具体内容如下：

第 1 章主要论述齿轮箱故障类型及振动机理；第 2 章阐述自适应中位绝对偏差评估器（AMADE）在信号识别及基于短时傅里叶变换的自适应维纳（AWF-STFT）滤波器中的应用研究；第 3 章描述采用自回归滑动平均模型和多点最优最小反褶积调整（ARMA-MOMEDA）对齿轮箱故障进行诊断的方法；第 4 章具体介绍自适应稀疏脉冲反褶积（ASSD）算法及其应用；第 5、6 章对时频分解技术（即奇异谱分解和变分模态分解）进行探究和分析；第 7 章描述利用自适应混沌灰狼算法、SG 滤波器和改进的拉普拉斯高斯（SGMLoG）滤波器算法对齿轮箱故障进行诊断的流程；第 8、9 章分别采用复合多尺度极差熵的故障特征提取法和基于多局部均值的零阶自主学习多模型分类器（MLMALMMo-0）故障识别法对滚动轴承进行智能诊断；第 10 章描述基于自适应稀疏脉冲反褶积（ASSD）和变分模态分解（VMD）的新型滚动轴承早期故障诊断方法；第 11 章分析齿轮箱故障案例，并验证所提诊断方法的有效性。

本书在编写过程中，得到了杜文华教授、王志坚教授、董磊副教授以及李延峰、任维波、陈忠鑫等博士给予的大力支持。书中提及的国内外同行相关研究内容均列出参考文献，在此向著者表示衷心的感谢。感谢国家自然科学基金、山西省应用基础研究计划等的资助。感谢中北大学机械工程学院各位教师和同人的大力帮助。

由于作者水平有限，书中难免有疏漏之处，恳请专家和读者批评指正。

# 目　　录

# 第 1 章　齿轮箱故障类型及振动机理

齿轮箱系统是包含齿轮、传动轴、轴承和箱体结构等的复杂系统。其中，箱体结构在整个系统中起支承与密封的作用，其出现故障的概率很低，故障主要发生在齿轮、传动轴和轴承上。据统计，齿轮、传动轴和轴承故障占齿轮箱故障的 90% 以上。在齿轮箱的故障诊断中，一般只需给出是否发生故障和故障发生的位置。齿轮及齿轮箱在运行中，其运行状态与故障的征兆主要由温度、润滑油中磨粒的含量及形态（铁谱分析技术）、齿轮箱的振动及辐射的噪声、齿轮传动轴的扭矩和转矩、齿轮齿根应力分布等构成。齿轮箱的振动主要由内部啮合齿轮副受载变形引起，齿轮副正常情况下的受载及其装配不到位、质量不平衡、齿轮故障等因素导致的啮合问题都体现为齿轮副的受载变形，最终通过传动轴系传递给箱体。

## 1.1　齿轮箱故障类型

齿轮箱的故障形式多种多样，根据振动信号的特点，一般常见的典型故障形式有齿轮齿形误差、齿轮均匀磨损、轴不对中、断齿、箱体共振、轴不平衡等。

齿轮箱内部的部件较多，各部件之间配合紧密，由于齿轮箱的工作环境一般较为复杂，因此齿轮箱成为多发故障部件。当齿轮箱内部某一轴承或者齿轮发生故障时，对整体的运行状态都会造成很大影响。其中，齿轮故障、轴承故障是齿轮箱常见的失效形式。齿轮箱中各部件发生故障占比如表 1-1 所示。

表 1-1　齿轮箱中各部件发生故障占比

| 失效部件 | 各类齿轮 | 各类轴承 | 支承轴 | 齿轮箱外壳 | 其他 |
|---|---|---|---|---|---|
| 所占比例/% | 60 | 19 | 10 | 7 | 4 |

由表 1-1 可知，齿轮箱中齿轮发生故障的比例为 60%，轴承发生故障的比例为 19%，其余的轴、箱体、紧固件及油封等发生故障的比例较低，均在合理范围之内。在对齿轮和轴承进行故障诊断和故障识别时，其故障类型及故障等级不同，导致在采集的振动信号中周期性冲击脉冲的形式就不同。为了对故障类型及故障部件进行精确诊断，应对齿轮和轴承所发生的故障类型及其在振动信号中的表现形式进行研究。

## 1.2　齿轮的振动特征分析

齿轮失效有多种表现形式，每一种失效形式都会导致齿轮无法正常运转，以及在运行过程中有较大误差。齿轮所处的工作环境较为复杂，且多为多组齿轮相互啮合配合工作。齿轮在制造过程中所产生的误差，以及长期在超载的情况下工作或在使用过程中的装配误差等都会导致齿轮发生故障。表 1-2 所示为常见齿轮故障发生的比例。

表 1-2　常见齿轮故障发生的比例

| 齿轮失效类型 | 齿面点蚀 | 齿面磨损 | 齿面胶合 | 断齿 | 其他 |
| --- | --- | --- | --- | --- | --- |
| 故障发生比例/% | 31 | 10 | 10 | 41 | 8 |

由表 1-2 可知，齿轮箱中的齿轮故障主要是齿面点蚀和断齿，其中齿面点蚀故障的发生比例为 31%，断齿故障的发生比例高达 41%。齿轮箱中齿轮的齿面点蚀与断齿故障主要是因为工作环境较为恶劣，且常会受到各种变载荷的冲击而造成的。下面介绍齿轮各类型故障的发生原因及发生该故障时振动信号的表现形式。

（1）齿面点蚀。如果齿轮在加工过程中存在材质不均匀或者材质与工作强度不匹配的情况，那么在超载或者长期变载荷施加的情况下运行，齿轮表面会产生金属脱落，在继续运转的情况下会出现坑洞，如果不及时进行维修，则会使坑洞变多，进而产生裂纹，造成更大的危害，如图 1-1（a）所示。齿面点蚀损坏一般包含三种：点蚀、浅层疲劳剥落和硬化层疲劳剥落，这三种故障类型为层层递进的关系[1]。当齿轮持续工作时，齿轮的啮合面很容易出现麻点类损伤，如果产生点蚀故障时不及时进行维修，就会产生浅层疲劳剥落。一般的疲劳剥落通常会在齿轮的接触面产生鱼鳞状纹路，这是因为材料表面较为光滑，摩擦力小。出现这种情况时，如果齿轮继续工作，就会造成硬化层疲劳剥落的发生。当齿轮发生齿面点蚀故障时，振动信号在频谱中的波形不会发生太大的波动改变，但是其波动幅值会有所增大，在对所采集的齿面点蚀故障信号进行包络谱分析时会直观地发现，其周期性故障频率的幅值变大。

（2）齿面磨损。齿轮的磨损不仅在齿轮表面产生，在齿轮的啮合面也会发生这种故障[2]。齿轮是一个使用率非常高的部件，在设计时需要计算正常的磨损，一般的磨损不会影响齿轮的使用，但是在齿轮工作过程中，如果有剥落的杂质等掉入齿轮啮合的位置，就会导致磨损加剧，进而对齿面造成非正常磨损。齿面磨损相较齿面点蚀所产生的鱼鳞状纹路来说，它的表现更为直观，齿面磨损常常会造成齿轮的齿厚变薄，从而导致齿轮啮合缝隙过大，进而造成噪声加剧，严重时会导致齿轮失效，如图 1-1（b）所示。在齿轮箱的内部发生齿面磨损时，会造成齿轮箱的异常振动，在振动信号中的表现为振动幅值变大。

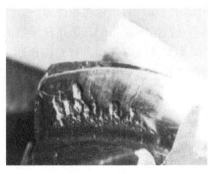

（a）齿面点蚀　　　　　　　　　　（b）齿面磨损

图 1-1　齿面点蚀与齿面磨损故障图

（3）齿面胶合。齿面胶合一般发生在两齿轮的相互啮合处。两齿轮在持续运转的过程中，啮合部位的温度持续上升，当达到一定温度时，润滑油的油膜会发生破裂，在这样的状态下两齿面就会发生齿面胶合故障[3]。未经磨合的新齿轮在运行时也会由于润滑缺陷和表面加工精度不足的原因而导致齿面胶合，如图 1-2（a）所示。一旦齿轮接触面发生齿面胶合就会造成强烈磨损，其故障诊断信号的表现形式主要为齿轮的啮合频率增大，故障频率的幅值会远远大于正常运转时的幅值。

（4）断齿。断齿故障是由于齿轮超过了其本身的应力极限而发生断裂。断齿一般分为两种情况：一种是齿轮在长期工作中不断地在齿根位置施加弯曲应力，当弯曲应力超过齿根的承受极限时，齿根位置就会产生裂纹，进而在运行中发生断裂[4]；另一种是齿轮箱在超载的情况下突然受到巨大的载荷，导致应力集中，从而使齿轮直接发生断齿。当齿轮发生断齿故障时，最直观的表现就是齿轮箱会发出异响，在对采集的振动信号进行分析时会发现，其波形发生改变，并且波形的幅值增大，在对采集的故障信号进行包络谱分析时会发现，其频谱幅值也有明显增大，如图 1-2（b）所示。

（a）齿面胶合　　　　　　　　　　　　　　　（b）断齿

图 1-2　齿面胶合和断齿故障图

齿轮箱内部包含多个齿轮，齿轮类型不同，其故障频率的计算方式也不同。由于齿轮之间相互啮合较为紧密，当某一齿轮发生故障时，与其配合的齿轮发生故障的概率就会增大。为了及时对故障频率进行识别，进而对故障齿轮进行维修或更换，对齿轮箱内部各齿轮故障特征频率的计算显得尤为必要。计算时，需要对各齿轮的齿数、齿圈的齿数、行星齿轮的啮合频率及太阳轴的转动频率等进行准确统计。齿轮箱中的各类齿轮故障特征频率的计算方法如表 1-3 所示。

表 1-3　齿轮箱中的各类齿轮故障特征频率的计算方法

| 齿轮的故障部位 | 故障特征频率计算公式 | 符号含义 |
| --- | --- | --- |
| 行星齿轮 | $f_{\mathrm{p}} = \dfrac{2f_{\mathrm{ps}}}{z_{\mathrm{p}}}$ | $f_{\mathrm{ps}} = f_1 z_{\mathrm{r}} = (f_2 - f_1)\, z_{\mathrm{s}}$ |
| 太阳轮 | $f_{\mathrm{s}} = \dfrac{3f_{\mathrm{ps}}}{z_{\mathrm{s}}}$ | 式中，$f_{\mathrm{ps}}$ 为行星齿轮的啮合频率；$f_1$ 为行星架的转动频率；$f_2$ 为太阳轮的转动频率；$z_{\mathrm{p}}$ 为齿轮的齿数；$z_{\mathrm{s}}$ 为太阳轮的齿数；$z_{\mathrm{r}}$ 为齿圈的齿数 |
| 齿圈 | $f_{\mathrm{r}} = \dfrac{3f_{\mathrm{ps}}}{z_{\mathrm{r}}} = 3f_1$ | |

## 1.3 滚动轴承的失效形式和振动特性

在实际工程中应用比较广泛的是滑动轴承和滚动轴承[5]。这两种轴承的主要区别是在驱动方式上，滑动轴承的驱动力主要是滑动摩擦力，为了避免滑动过程中对轴承产生损坏，在该种轴承的接触面之间有润滑油来使两个接触面不直接发生接触；滚动轴承的驱动力主要是通过轴承内圈与外圈之间的滚动体来实现轴承的整体驱动，该种驱动方式具有启动转矩低且精度与维修难度都要求较低的特点，故这两种轴承在价格方面有很大的差距。由于齿轮箱中轴承的运转速度较高，同时在其运行期间承受不同载荷的冲击，而滚动轴承在高速运转时承载能力强，因此滚动轴承广泛应用于风电机组的齿轮箱中。

### 1.3.1 滚动轴承的基本结构与失效形式

#### 1. 滚动轴承的基本结构

滚动轴承一般结构包括内圈、滚动体、保持架、外圈四个部分，如图 1-3 所示。其中，内圈一般与轴一起转动；外圈起支承作用；保持架的主要作用是使滚动体在滚道中等间隔地排列，尽量避免滚动体运动时发生碰撞，减少因滚动体受损引起的故障。由于滚动体在滚道中的运动形式为滚动，从而减少了与滚道的摩擦，进一步提高了轴承的使用效率。滚动轴承常见的故障类型为磨损、点蚀、断裂、塑性变形、胶合、锈蚀和保持架损坏等[6-7]。

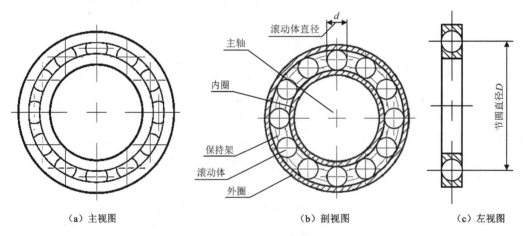

(a) 主视图　　　　　　　(b) 剖视图　　　　　　　(c) 左视图

图 1-3 滚动轴承结构示意图

#### 2. 滚动轴承的失效形式

当齿轮箱开始运转时其内部的滚动轴承受到各种不定载荷的冲击，尤其是在高速主轴上起支承作用的滚动轴承极易发生故障。滚动轴承中滚动体的数量、滚动体的直径、轴承的转动频率等参数需要进行准确统计，以此来计算滚动轴承的故障频率。滚动轴承的故障严重程度可通过观察采集信号的频谱图进行判断，故障越严重，其频谱图中的故障特征频率的幅值越大。齿轮箱滚动轴承的主要失效形式包括磨损失效、疲劳失效、腐蚀失效和断裂失效[8]。

（1）磨损失效。磨损失效主要是指在轴承运行过程中，轴承内圈与外圈之间所形成的滚道与滚动体之间相互摩擦而导致的失效形式。该种失效形式不可避免，因为在轴承运转过程中，滚道与滚动体之间一定会产生摩擦力。通常滚道与滚动体之间有润滑油填充，但是轴承运转期间所产生的摩擦力依旧会对金属部件产生一定的损耗，造成接触部件之间的间隙增大，主要表现在轴承运转精度上误差加大。轴承的磨损失效一般包含两个方面，即黏着磨损与磨粒磨损[9]。黏着磨损主要是因为摩擦表面受外力发生异常凸起或者有异物夹杂导致摩擦面受力不均，在润滑不理想的情况下，摩擦面相互接触时会产生大量的热量导致局部温度过高，当黏着磨损严重时会导致接触点产生撕裂现象[10]。磨粒磨损是指轴承的工作面之间有外来的硬质异物，在轴承接触面相互运动的过程中，该外来的硬质异物对接触面造成的磨损。

（2）疲劳失效。疲劳失效是滚动轴承发生较多的故障，主要是由滚动轴承在运行过程中受到交变载荷的冲击导致的，当某一位置发生疲劳裂纹时，产生的裂纹会随着滚动轴承的继续运行而增大，最终形成剥落或脱皮。该失效会导致滚动轴承运行时的振动和噪声加剧。

（3）腐蚀失效。滚动轴承因其自身的结构特点很难做到全密封，在滚动轴承实际运行的过程中会有水汽等腐蚀类介质与其接触，导致轴承内圈、外圈及滚动体出现腐蚀和生锈的现象。滚动轴承在运行的过程中还有可能受微电流和静电的影响而发生电腐蚀。

（4）断裂失效。断裂失效发生的主要原因是滚动轴承在运行过程中受到过载荷的影响，从而导致轴承的材料特性超过其所能承受的极限而发生断裂。轴承在加工过程中因原材料缺陷会导致精度偏低，或者在安装过程中发生装配缺陷等，这类轴承在长期运行过程中也会发生断裂失效。

### 1.3.2　滚动轴承的故障特征频率

齿轮箱内部各部件配合紧密，当滚动轴承发生故障时会导致与其配合的部件发生异常振动，对振动信号进行分析可以得出不同故障的频谱。为了对故障类型进行精确判断，需要对各类型故障频率进行理论计算。齿轮箱中滚动轴承的各类故障特征频率的计算如表 1-4 所示。

表 1-4　齿轮箱中滚动轴承的各类故障特征频率的计算表

| 故障类型 | 故障特征频率计算公式 | 各字母的含义 |
|---|---|---|
| 滚动体缺陷 | $f_b = f_s \times \dfrac{D}{2d} \times N\left[1+\left(\dfrac{d}{D}\right)^2 \cos^2\alpha\right]$ | |
| 外圈故障 | $f_o = f_s \times \dfrac{N}{2}\left[1-\dfrac{d}{D}\cos\alpha\right]$ | $f_s$ 为轴承转动频率；$d$ 为轴承中滚动体的直径；$\alpha$ 为轴承的接触角；$N$ 为轴承中滚动体的个数；$D$ 为轴承的节圆直径 |
| 内圈故障 | $f_i = f_s \times \dfrac{N}{2}\left[1+\dfrac{d}{D}\cos\alpha\right]$ | |
| 保持架故障 | $f_i = f_s \times \dfrac{N}{2}\left[1+\left(\dfrac{d}{D}\cos\alpha\right)^2\right]$ | |

# 1.4 信号处理方法简述

齿轮箱内部零部件产生的故障在初期大多轻微,难以发现,但随着时间的推移,这些轻微的故障就开始在零部件表面不断扩大,进而演变成严重故障,导致零部件发生失效,齿轮箱无法正常工作,严重时这些故障甚至会对整个机械设备造成极大的破坏。对齿轮箱进行故障诊断可以及时发现其内部零部件产生的微弱故障,有效预防因齿轮箱内部零部件损坏而导致故障发生的可能性[11]。因此,对齿轮箱进行故障检测、分析,对于保障机械设备安全、减少因事故造成的损失是十分必要的,这也是故障诊断技术发展的必然趋势。

国内外学者对齿轮箱故障诊断做了大量的研究工作。齿轮箱故障诊断一般分为三个主要步骤,即通过相应的传感器对运行中的齿轮箱进行振动信号的采集,从采集的数字信号中提取故障特征,对结果进行分析(包括对故障类型的分析和对故障位置判断)。在这三个步骤中,从采集的数字信号中进行故障特征提取是故障诊断的重点和难点。下文从以下几个方面对故障诊断方法进行梳理。

## 1.4.1 时域处理法

时域处理法一般是指利用振动信号的时域波形,求出有量纲参数指标和无量纲参数指标,它在故障诊断领域属于简便的故障分析方法,广泛用于处理周期性振动、瞬态冲击、简谐振动等信号[12]。由于时域处理中包含的参数指标有易理解、效率高、计算方便、较为直观等优点,因此时域处理法在齿轮箱的故障诊断领域使用广泛。

有量纲参数指标是指均值、最大值、最小值、方差、标准差等,这些指标通常与旋转机械设备振动信号的强度有关,且与旋转机械设备的运行状态和参数息息相关,如旋转机械的传动比、轴承的转速等。因此,在实际使用过程中,有量纲参数主要应用于旋转机械设备的健康状态监测[13]。

无量纲参数指标是指峭度、波形、脉冲、裕度、峰值等。其中,峭度、峰值对强冲击故障较为敏感,因此可以用于突发性故障诊断。例如,李宇飞等[14]以滚动轴承为研究对象,将无量纲参数和跳跃性因子作为振动信号中的趋势预测特征值来进行自适应模型预测,对于旋转机械设备的状态评估和决策分析有重要意义。无量纲参数的特点是它与信号分布的疏密程度相关,但不能体现振动信号的幅值和频率,其在机械状态检测中应用广泛。

时域处理法通常包括时域同步平均、信号相关性分析、自适应降噪等方法。时域同步平均是指使用传感器获得振动信号的信号频率,将它与旋转机械自身的转动频率相加并平均。目前,时域同步平均法已经被广泛应用于振动信号的降噪上。罗欢欢[15]使用时域同步平均法对行星齿轮箱故障诊断技术进行研究,有效提取了故障信号的特征频率。信号的相关性分析包括自相关分析和互相关分析:自相关分析是指将一个振动信号转换为数字信号,并将其分布在不同的时间轴上,再比较这些时间轴上的信号与其本身的相似性;互相关分析是指两个不一样的振动信号在转换为数字信号后,其数据信息和波形上的相似程度。

时域处理法应用广泛，通过对振动信号进行时域分析可以得到分布于时间轴上的振动信号的相关信息。相比于其他方法，时域处理法较为便捷且得到的结果直观。但时域处理法在使用时受限制较多，只能对信号特征突出且较为平稳的振动信号进行处理，对于背景噪声较大、故障特征微弱、多种故障复合在一起的故障振动信号，时域处理法存在一定的限制，在这种情况下其故障诊断的效率比较低。

## 1.4.2　频域处理法

因为齿轮箱在处于运行状态时容易受到各种外部环境的干扰，这会使需要进行故障诊断处理的数字信号因包含大量的强干扰噪声而变得复杂，故障特征很容易被噪声完全淹没，从而使信号处理过程变得困难。如何从杂乱的信号中成功提取需要的故障特征频率是频域处理法的主要研究内容。与时域处理法相比，频域处理法的主要功能是提取或增强振动信号中故障特征的频率成分。目前，比较常用的频域处理法主要有功率谱分析、包络谱分析、倒频谱分析和高阶谱分析等。功率谱分析的优点是在处理分析振动信号时可以提升稳定性，通常应用比较广泛的功率谱分析有增强现实（augment reality，AR）技术和自回归滑动平均（auto regressive moving average，ARMA）模型。刘志伟[16]为了便于对非平稳、非线性的故障信号进行处理，针对某型减速器，提出了采用经验模态分解（empirical mode decomposition，EMD）方法，将采集的振动信号分为多层信号分量，利用 AR 模型的自回归特性建模，顺利提取了故障特征信号，并对故障进行了分析，结果证明这种方法具有良好的诊断性能。周建民等[17]提出了一种基于 ARMA 模型对故障进行预测的方法，将传感器采集齿轮箱滚动轴承完整周期的无故障数据作为原始参照数据，基于 ARMA 模型得到轴承故障预测数据并与实际采集的滚动轴承故障特征数据进行对比，计算预测的准确率，结果表明该方法可以准确预测齿轮箱滚动轴承的实际运行状态，且预测效果理想。

研究者通常用包络谱分析法来处理振动信号中的调制信号，其有两大应用领域：一是将其应用于滤波检波的振动信号处理；二是对机械设备零部件进行故障诊断，从而识别、分析故障类型。特别是面对信噪比较低和发生早期故障的故障振动信号，包络谱分析的识别能力很强，相比于其他方法更加高效。Du 等[18]在进行滚动轴承故障诊断时，通过包络谱分析将提出的改进奇异谱分解方法处理后得到的故障诊断结果与传统方法处理得到的结果进行对比，验证了改进奇异谱分解方法的优越性。倒频谱分析法能够高效地检测到振动信号频谱信息中的谐波和边频结构，且能够直接提取振动信号中的故障特征频率，广泛应用于齿轮箱滚动轴承故障诊断及其相关领域[19-20]。高阶谱（包括功率谱）是一种用于描述随机过程统计特性的工具，它通过频域来展示信号的特征。在高阶谱中，三阶矩和三阶累积量是相同的，这使得三阶谱（也称双谱）可以通过三阶矩函数（或称三阶自相关函数）的二重傅里叶变换来定义。高阶谱和其他故障诊断方法相比，优点是能够提供更多的故障特征信号，因此有众多学者对其进行了研究和应用[21-22]。

### 1.4.3 时频域处理法

时域处理法和频域处理法分别给出了信号在时域和频域的全局特征，但没有考虑信号频率随时间变化的局部特征。很多研究者发现在工程实际应用中大多数采集到的实测振动信号是非平稳、非线性的，即信号的低阶统计量是时变函数，这时仅用传统的时域处理法或频域处理法不能充分描述信号的本质属性。时频域处理法也称时频分析法，该方法的特点是能够提供非平稳振动信号在时域和频域上的复合能量密度函数，利用这个密度函数，可以方便地计算振动信号在任意时间和频率范围内的能量所占的比例，同时也可以计算在一个随机时间点，振动信号的频率密度。因此，时频域处理法能够充分反映振动信号的频率随时间的改变而发生改变的变化规律。

目前，比较常见的时频域处理法主要有短时傅里叶变换（short-time Fourier transform，STFT）、小波变换，以及一系列自适应故障诊断方法等，这些方法各自有其优劣势。例如，短时傅里叶变换的原理是选择一个将时域和频域局部化的窗函数，假设这个窗函数在一个短时间内是平稳的移动窗函数，计算出各个不同时刻的功率谱，因为短时傅里叶变换与傅里叶变换密切相关，所以时常将短时傅里叶变换称为加窗傅里叶变换。短时傅里叶变换的性能受海森伯（Heisenberg）不确定性原理的限制，在窗函数变窄的时候，短时傅里叶变换时域分辨率变高的同时频域分辨率变低。与之相反，当窗函数变宽的时候，短时傅里叶变换频域分辨率变高的同时时域分辨率变低。除此之外，短时傅里叶变换的结果受窗函数类型选择的影响，不同的窗函数类型导致不同的结果。通常使用的窗函数有高斯窗、矩形窗和汉明窗等。向强和秦开宇[23]提出了一种基于短时傅里叶变换的新型时频分析法，通过研究短时傅里叶变换和线性正则变换之间的时频关系，巧妙地避开了交叉项问题所造成的多分量时频信号分离和线性调频信号干扰抑制，并通过实验证明了该方法可以准确、高效地对信号进行时频分析。目前，短时傅里叶变换已经在设备状态监测与故障诊断领域得到了广泛应用。

由于短时傅里叶变换无法同时兼顾频率分辨率和时间分辨率，因此其不适用于分析非平稳信号的局部时频特征。此外，短时傅里叶变换都是通过窗口的移动来分析振动信号相应的局部特征，在信号分析过程中，由于窗函数窗口的长度是固定不变的，因此短时傅里叶变换的时间分辨率和频率分辨率在整个信号分析过程中都保持不变。然而在实际工程应用中，振动信号处理的许多场合都要求在以时间和频率建立的坐标轴上的不同位置拥有不同的分辨率，而短时傅里叶变换在诸多限制下处理振动信号时由于其分辨率单一，显然不能满足相关要求。小波变换是在20世纪80年代出现的一种在短时傅里叶变换基础上发展而来的信号处理方法，Wang等[24]提出了一种基于小波变换的故障诊断方法，对传感器采集的振动信号进行小波变换，并判断故障发生的位置，实验结果证明该方法具有快速、简单、准确等优点。目前，小波变换已被广泛应用于故障诊断、图像处理、模式识别和语音分析等领域。小波变换的主要缺陷是小波基函数需要预先设定，即小波基函数通常需要通过人为经验选择，且该函数在整个信号处理的变换过程中固定不变，因此小波变换无法自适应地针对信号局部特征进行处理，从而限制了小波变换的推广及应用。

　　通过对故障诊断学科的发展趋势以及复杂振动信号的自身规律与特性进行研究，越来越多的自适应故障诊断方法被应用于齿轮箱故障诊断当中。1998 年，Huang 等[25]提出了一种可以用来处理非平稳振动信号的新型故障诊断方法：经验模态分解（EMD），并将 EMD 方法与希尔伯特（Hilbert）变换相结合，即希尔伯特-黄（Hilbert-Huang）变换。EMD 方法的特点是将一个振动信号分解成一系列信号分量，这些信号分量称为本征模态函数（intrinsic mode functions，IMFs），利用 EMD 方法对每个 IMFs 分量进行 Hilbert 变换，最终得到原始振动信号的时频分布图。由于采用 EMD 方法的信号处理过程是一个面对不同振动信号完全自适应的过程，因此 EMD 方法一经面世，便被广泛应用于齿轮箱的故障诊断中。李延峰等[26]针对风电齿轮箱中轴承故障信号非线性、非平稳的特点，提出了基于 EMD 方法和切片双谱相结合的方法成功提取了轴承的微弱故障特征。实验分析表明，该方法能有效抑制噪声。程军圣等[27]应用 EMD 方法将振动信号分解成多个本征模态函数分量，对每个本征模态函数分量进行一种名为能量算子解调的处理并得到了最终的结果。实验分析表明，该方法能够有效区分不同的故障类型。Wu 和 Huang[28]对 EMD 方法进行了改进，提出了总体集合经验模态分解（ensemble empirical mode decomposition，EEMD）方法。EEMD 方法是在 EMD 方法的基础上进行了改良，能够有效降低噪声对算法的干扰，进而抑制模态混叠现象。Wang 等[29]针对齿轮箱故障特征频率提取困难，且振动信号具有非平稳、非线性的特点，提出了一种将样本熵和集合经验模态分解相结合的方法来提取故障特征，并通过支持向量机对故障特征进行识别。实验结果表明，故障诊断的准确性得到了很大的提升。EMD 方法在信号处理和故障诊断方面应用广泛，但是其信号处理结果中存在模态混叠和端点效应等问题，限制了其进一步的推广。

　　2014 年，Bonizzi 等[30]提出了一种新型自适应故障诊断方法，即奇异谱分解（singular spectral decomposition，SSD）方法，并使用 SSD 方法对潮汐和海啸数据进行处理，取得了较好的结果。这是一种新的基于奇异谱分析（singular spectral analysis，SSA）的迭代时间序列分解方法。在 SSD 方法中，原始振动信号被分解为多个单分量信号，这些信号分量依次从高频至低频进行自适应重构，为今后的非平稳、非线性时间序列的研究和分析提供了一种新的思路。毛向东等[31]提出了一种 EMD 方法和 SSA 方法相结合的故障诊断方法。该方法首先采用 EMD 方法对振动信号进行处理，得到多个 IMFs 分量，对含有故障特征频率的信号分量进行重组和相空间重构，再进行奇异谱分析，得到一个新的信号分量。实验分析表明，该方法能够在强噪声的干扰下有效提取微弱故障特征信号。胥永刚等[32]针对强背景噪声下对振动信号处理困难的问题，提出了一种基于奇异值差分谱的改进奇异谱分解故障诊断方法，其原理是利用奇异值差分谱对信号的重构过程进行改进，提高 SSD 方法的降噪能力及故障诊断效率。与传统的 EMD 方法类似，采用 SSD 方法可以提取与各种固有时间尺度相关的信号分量。相比于传统的 EMD 方法，SSD 方法使模态混叠现象得到了一定程度的改善，并且能够在转换点处的间歇分量之间提供精确的分离。但是 SSD 方法依然存在一些问题，如在强噪声环境下进行信号处理会产生多余分量及模态混叠，故障信号容易被噪声淹没而使特征频率难以提取。

# 1.5 本 章 小 结

　　本章详细探讨了齿轮箱故障类型及其相关的振动机理，为后续的研究奠定了理论基础。首先，阐述了齿轮箱中常见的故障类型及其对设备运行的影响。接着，分析了齿轮在正常与异常状态下产生的振动信号特征，探讨了通过这些振动信号诊断故障的可能性。然后，深入研究了滚动轴承的失效形式及其振动特性，特别是滚动轴承在不同故障类型下的特征频率，这对于识别具体故障源非常关键。最后，概述了几种重要的信号处理方法，包括时域处理法、频域处理法和时频域处理法，并讨论了各自的应用场景和技术优势。

# 第 2 章　AMADE 在信号识别及 AWF-STFT 滤波器中的应用研究

常用的滤波器包括高通滤波器[33-35]、低通滤波器[36-37]、带通滤波器[38-39]等，这些滤波器在滤除信号中的某段信号时能够取得较好的结果。然而，实际采集的信号通常有很宽的频带，如何准确地应用最佳滤波器提取目标信号是一项具有挑战性的任务。维纳滤波[40-41]（Wiener filter）是信号处理中的经典算法，与传统的滤波器相比，维纳滤波的相关峰尖锐，区分能力强，具有优越的抗噪声性能。Yang 等[41]采用短时傅里叶变换中的维纳滤波器，提出了一种无须预处理的开环立体声回声抑制（stereophonic acoustic echo suppression，SAES）方法，代替使用自适应滤波器识别回声路径脉冲响应，以实现音乐降噪与实时操作的计算负载之间的权衡。计算机仿真显示了该方法在几种不同情况下的有效性和鲁棒性。然而基于短时傅里叶变换的自适应维纳滤波器（adaptive wiener filter based on short-time Fourier transform，AWF-STFT）的底层依然是维纳滤波器，滤波器的尺寸依然会影响滤波效果，因此针对不同的信号确定最佳滤波器尺寸，以获得最佳滤波效果至关重要。针对上述问题，本章提出自适应中位绝对偏差评估器（adaptive median absolute deviation estimator，AMADE），并将其作为目标函数确定 AWF-STFT 的尺寸。

## 2.1　基于短时傅里叶变换的自适应维纳滤波器

基于短时傅里叶变换的自适应维纳滤波器（AWF-STFT）是通过观察噪声过程的线性时不变来产生期望或目标随机过程估计的滤波器。维纳滤波器的目标是使用相关信号作为输入来计算未知信号的统计估计值，并过滤该已知信号以产生估计值作为输出。例如，已知信号可能包含已被附加噪声破坏的未知目标信号。

### 2.1.1　维纳滤波器原理

维纳（Wiener）提出了最早的线性最优滤波器，命名为维纳滤波器[42-43]。维纳滤波器广泛应用于通信[44]、军事[45]等领域，其中最常见的是在信号[46]和图像降噪[47]中的应用。在线性滤波问题求解过程中，需要预先获得信号和噪声相关的统计信息来设计线性滤波器，然后将含有噪声的信号作为输入，最后选取某一最优准则作为评判依据，衡量噪声是否对滤波器的影响最小。维纳滤波器以最小均方误差为衡量噪声对滤波器影响的准则，该最小值为均方误差性能曲面的局部极小值点，是否属于最小解还有待进一步判断。

假设滤波系统是一个线性时不变系统，它的冲激响应 $h(n)$ 和输入信号 $x(n)$ 均为复函数，设 $n$ 为时间序列，$a(n)$ 为实部，$b(n)$ 为虚部，则有

$$h(n) = a(n) + jb(n) \quad (n=0,1,2,\cdots) \tag{2-1}$$

若考虑滤波系统的因果关系，则滤波器的输出为

$$y(n) = h(n)x(n) = \sum_{m=0}^{+\infty} h(m)x(n-m) \quad (n=0,1,2,\cdots) \tag{2-2}$$

设期望信号为 $d(n)$（也可用 $s(n)$ 表示），则误差信号 $e(n)$ 及其均方误差 $E\left[|e(n)|^2\right]$ 分别为

$$e(n) = d(n) - y(n) = s(n) - y(n) \tag{2-3}$$

$$E\left[|e(n)|^2\right] = E\left[|d(n)-y(n)|^2\right] = E\left[\left|d(n)-\sum_{m=0}^{+\infty} h(m)x(n-m)\right|^2\right] \tag{2-4}$$

若使均方误差最小，则须满足：

$$\frac{\partial E\left[|e(n)|^2\right]}{\partial h_j} = 0 \quad (j=0,1,2,\cdots) \tag{2-5}$$

由式（2-5）可以推导得到

$$E\left[x^*(n-j)e(n)\right] = 0 \tag{2-6}$$

式（2-6）说明，均方误差达到最小值需要满足误差信号与任一需要估计的输入信号正交。

将式（2-6）展开可得到互相关函数 $r_{dx}$ 与自相关函数 $r_{xx}$ 的关系：

$$r_{dx}(-k) = \sum_{m=0}^{+\infty} h^*(m)r_{xx}(n-m) \quad (k=0,1,2,\cdots) \tag{2-7}$$

对式（2-7）两边取共轭，并利用互相关函数的性质 $r_{yx}(-k) = r_{xy}^*(k)$，得

$$r_{xd}(k) = \sum_{m=0}^{+\infty} h(m)r_{xx}(k-m) = h(k)r_{xx}(k) \quad (k=0,1,2,\cdots) \tag{2-8}$$

式（2-8）即为维纳-霍夫（Wiener-Hopf）方程。

进一步设 $h(n)$ 是一个长度为 $M$ 的时间序列信号，则维纳-霍夫方程的表达式为

$$r_{xd}(k) = \sum_{m=0}^{M-1} h(m)r_{xx}(k-m) = h(k)r_{xx}(k) \quad (k=0,1,2,\cdots,M-1) \tag{2-9}$$

维纳-霍夫方程写成矩阵形式为

$$\boldsymbol{R}_{xd} = \boldsymbol{R}_{xx} * h \tag{2-10}$$

即

$$h = \boldsymbol{R}_{xx}^{-1} * \boldsymbol{R}_{xd} \tag{2-11}$$

式（2-11）表明，若已知期望信号、输入信号的互相关函数和自相关函数，可以通过矩阵求逆得到维纳滤波器的最佳解。

### 2.1.2　基于短时傅里叶变换的自适应维纳滤波器的特点

基于短时傅里叶变换的自适应维纳滤波器（AWF-STFT）具有以下特点：

（1）假设信号和噪声是已知频谱特征的平稳线性随机过程，或者它们的自相关函数和互相关函数是已知的。

（2）要求滤波器必须在物理上是可实现的或因果的（若取消此要求，将得到无因果的解决方案）。

（3）性能标准最小均方差（minimum mean-square error，MMSE）。

设采集的信号 $I(x)$ 由目标信号 $f(x)$ 和噪声 $\eta(x)$ 组成，即有

$$I(x) = f(x) + \eta(x) \tag{2-12}$$

在模式识别中，AWF-STFT 的传递函数为

$$H(x) = \frac{R(x)^*}{|R(x)|^2 + P_n} \tag{2-13}$$

式中，$R(x)$ 为 $f(x)$ 的短时傅里叶变换（STFT）；$P_n$ 为噪声 $\eta(x)$ 的功率谱密度。

在信号处理中，AWF-STFT 用于从含噪声的信号中恢复目标信号，其传递函数为

$$H_R(x) = \frac{R(x)^2}{|R(x)|^2 + P_n} \tag{2-14}$$

由式（2-13）可得

$$H(x) = \frac{1}{R(x)} \cdot \frac{|R(x)|^2}{|R(x)|^2 + P_n} = \frac{1}{R(x)} \cdot H_R(x) \tag{2-15}$$

由式（2-15）可知，AWF-STFT 可视为从含噪声的信号中恢复信号并进行逆滤波处理。因此，该滤波器不仅能够抑制噪声，还具有逆滤波后相关峰尖锐的特性，从而具有较强的信号识别能力。

本章主要研究 AWF-STFT 在齿轮箱复合故障诊断中的应用，因此构造齿轮箱故障信号的数学模型如下：

$$\begin{cases} x_1(t) = \sin(2\pi f_1 t) \\ x_2(t) = A_m \exp\left(-\frac{g}{T_m}\right) \sin(2\pi f_c t) \\ x_3(t) = (1 + \cos(2\pi f_{n1} t)) \sin(2\pi f_c t) \\ x(t) = x_1(t) + x_2(t) + x_3(t) \\ X(t) = x(t) + n(\text{size}(x(t))) \end{cases} \tag{2-16}$$

式中，$x_1(t)$ 为正弦波信号，表示周期干扰；$x_2(t)$ 为周期性冲击信号，用以模拟轴承的故障信号；$f_1$ 为干扰频率；$t$ 为理论连续信号时间；$A_m$ 为轴承故障信号的幅值；$g$ 为阻尼系数；$T_m$ 为冲击周期；$f_c$ 为轴承的故障频率；$x_3(t)$ 为含有一个调制源的轴承故障调制仿真信号；$f_{n1}$ 为调制源的频率；$X(t)$ 为含有噪声的复合故障信号；$n$ 为噪声。设置参数为 $f_1$=30Hz，$f_{n1}$=10Hz，$A_m$=1.5，$f_c$=80Hz，$T_m$=0.05，$g$=0.05 时，原始信号及其加噪信号的短时傅里叶变换频谱图如图 2-1 所示。

由于 AWF-STFT 是在维纳滤波器的基础上改进的滤波器，因此其不可避免地存在滤波器尺寸影响降噪效果的问题。为了证明滤波器的最佳尺寸的重要性，本节分别采用滤波器的冲激响应包含样本点数 $L$ 为 30 个、80 个、200 个、300 个的 AWF-STFT 处理仿真信号，其结果如图 2-2 所示。由图可知，不同的滤波器尺寸有不同的滤波结果，由

于滤波器的尺寸在使用前是人为设定的，其必然存在人为误差，使滤波器尺寸不具有自适应性，影响滤波效果。对比图 2-1 中原始信号 $x(t)$ 与图 2-2 中的滤波结果可知，当滤波器的冲激响应包含 30 个样本点时，滤波结果与原始信号最接近，然而这并不能说明滤波器的冲激响应包含 30 个样本点时，滤波效果最佳。若想得到最佳滤波效果，还需要与相关评价函数和智能算法相结合。针对 AWF-STFT 尺寸不具有自适应的问题，本节基于中位绝对偏差提出新的目标函数 AMADE 来评价 AWF-STFT 的滤波效果，并结合状态转移算法自适应地确定滤波器的长度。

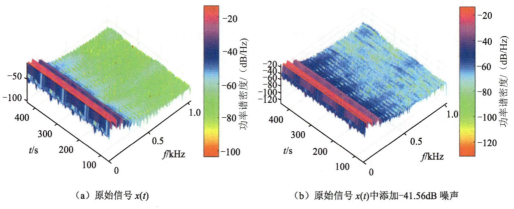

（a）原始信号 $x(t)$        （b）原始信号 $x(t)$ 中添加 -41.56dB 噪声

图 2-1    原始信号及其加噪信号的短时傅里叶变换频谱图

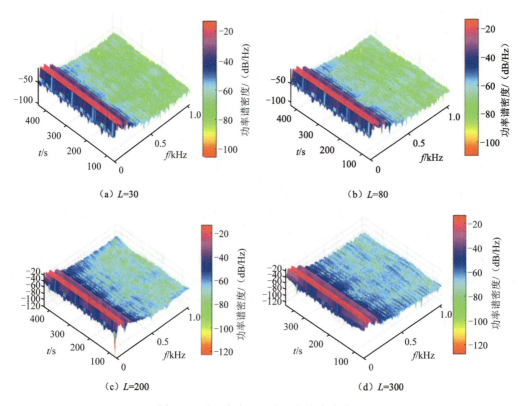

（a）$L$=30            （b）$L$=80

（c）$L$=200            （d）$L$=300

图 2-2    不同滤波器尺寸对应的滤波效果

## 2.2　AMADE 目标函数

本节将应用于图像噪声评估的绝对偏差中值[47]（median absolute deviation，MAD）引入齿轮箱故障信号的评估中。MAD 估计由 Donoho 和 Johnstone[48]提出，由于其评估效率高且简单，是目前常用的评估器。

MAD 评估器的数学模型如下：

$$\text{Medv} = \left( \frac{\text{median}(|d|)}{0.6745} \right)^2 \tag{2-17}$$

式中，Medv 表示评估器评估值；$d$ 是使用哈尔（Haar）小波进行小波分析的第一个细节级别。

本节采用评估器式（2-17）对模拟的齿轮箱故障信号进行评估，分别评估信噪比在 [-90,1]区间、步长为-10dB 的噪声，其结果如表 2-1 所示。表 2-1 中绝对噪声（absolute noise，AN）是纯噪声；相对噪声（relative noise，RN）为添加的噪声与目标信号之间的信噪比（signal-to-noise ratio，SNR）；评估器评估值 Medv 为 MAD 所评估信号中的噪声含量值。分析 Medv 与 RN 之间的数值，可以获得如下猜想：

$$\text{RN} \approx -10\lg(\text{Medv}) \tag{2-18}$$

**表 2-1　不同绝对噪声对应的相对噪声与评估器评估值**

| 绝对噪声/dB | 相对噪声/dB | 评估器评估值 | 绝对噪声/dB | 相对噪声/dB | 评估器评估值 |
|---|---|---|---|---|---|
| -90 | -88.7838 | 995106851.698 | -40 | -39.0134 | 10744.866 |
| -80 | -79.0926 | 107373207.491 | -30 | -29.1032 | 1017.576 |
| -70 | -69.0295 | 9939598.987 | -20 | -18.6881 | 95.844 |
| -60 | -58.7187 | 942975.148 | -10 | -9.2873 | 8.653 |
| -50 | -48.6376 | 87832.223 | 1 | -1.8548 | 0.799 |

## 2.3　目标函数确定

为了进一步验证式（2-18）的准确性，本节根据齿轮箱故障信号中噪声的不同，分别模拟噪声类型为白噪声，白噪声和线性调频信号（又称 Chirp 信号），白噪声、Chirp 信号和调制信号三种环境噪声，并将这三种噪声模型分别添加至模拟的齿轮箱故障信号中。

### 2.3.1　白噪声

针对齿轮箱工况条件，本节构造齿轮箱复合故障信号与噪声，数学模型与式（2-16）一致，构造 20000 个信号，其中添加噪声的 SNR 区间为[-100,100]（单位为 dB，本书后文同此），步长为 0.01dB。采用式（2-18）评估每个信号中包含的噪声，将结果绘制成图 2-3。

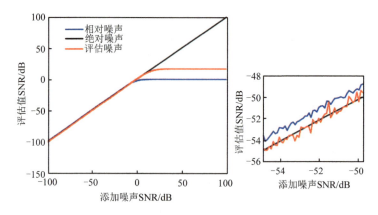

图 2-3  20000 个信号的噪声评估值

由图 2-3 可以观察到，评估噪声与绝对噪声的变化趋势更接近，然而实际采集的信号中，无法确定哪部分为目标信号，哪部分为噪声。为了准确确定采集信号中的噪声含量，建立评估噪声与绝对噪声之间的关系。观察图 2-3 中评估噪声的变化曲线可以发现，曲线分为三部分，即线性变化部分、非线性变化部分和近似为定值部分。

为了更好地观察信号的变化情况，将评估值局部放大，如图 2-4 所示。由图可以观察到，在区间[0,40]内存在两个临界点，即评估值线性变化与非线性变化的分界点、线性变化与定值之间的分界点。为了准确确定这两个分界点，分别拟合区间[5,30]、[5,35]、[0,40]的函数，拟合函数见式（2-19），其拟合结果如图 2-5 所示。

$$F(x)=\begin{cases}15.93\times\sin(0.0558x+0.02611), & x\in[5,30]\\16.33\times\sin(0.0509x+0.0587), & x\in[5,35]\\16.74\times\sin(0.04908x+0.04011), & x\in[0,40]\end{cases} \quad (2\text{-}19)$$

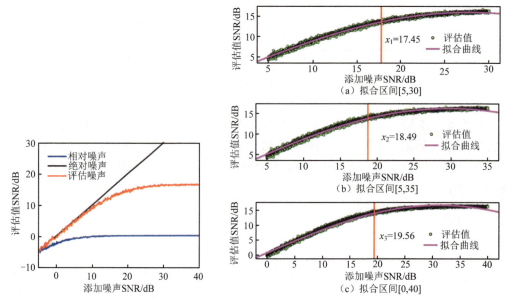

图 2-4  20000 个信号的噪声评估值局部放大　　图 2-5  三个区间拟合结果

式中，$x$ 为添加噪声的信噪比。

由图 2-4 可以观察到，当临界点为评估值线性变化与非线性变化的分界点时，式（2-19）的导数为定值；当临界点为线性变化与定值的分界点时，式（2-19）的导数为零。求式（2-19）的一阶导数的结果如下：

$$F'(x)=\begin{cases}15.93\times0.0558\times\cos(0.0558x+0.02611), & x\in[5,30]\\16.33\times0.0509\times\cos(0.0509x+0.0587), & x\in[5,35]\\16.74\times0.04908\times\cos(0.04908x+0.04011), & x\in[0,40]\end{cases}\quad（2\text{-}20）$$

分别计算式（2-20）趋于定值与零的情况，在区间[5,30]、[5,35]、[0,40]内并没有趋近定值的情况。当式（2-20）的函数值趋近零时，计算后可分别得到 $x_1=17.45\text{dB}$、$x_2=18.49\text{dB}$、$x_3=19.56\text{dB}$。对比图 2-5 中的红线可以观察到，信号在 $x_1=17.45\text{dB}$、$x_2=18.49\text{dB}$、$x_3=19.56\text{dB}$ 处并没有趋于定值，此现象的产生是拟合误差造成的。

基于以上研究，本节采用评估噪声与绝对噪声的误差来确定式（2-20）的临界值点。图 2-6 所示为绝对噪声、相对噪声与评估噪声之间的误差。图中，蓝线为绝对噪声与评估噪声之间的误差，红线为相对噪声与评估噪声之间的误差，粉线为评估噪声，将其设定为零。左上角为区间[5,20]的局部放大图。观察图 2-6 中评估噪声与绝对噪声的误差可以发现，曲线可以分为三部分，即评估误差近似为定值、评估误差非线性变化、评估误差线性变化。

为了进一步分析评估误差的变化趋势，将区间[0,40]内的评估误差放大，其结果如图 2-7 所示。

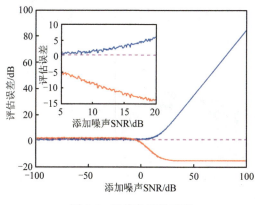

图 2-6　噪声的评估误差

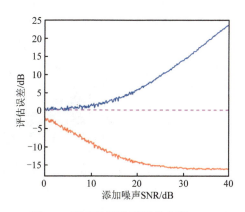

图 2-7　噪声的评估误差放大图 ([0,40])

由图可以观察到，评估误差近似为定值与评估误差非线性变化的临界点存在于区间[0,10]；评估误差非线性变化与评估误差线性变化的临界点存在于区间[20,40]。为了更加准确地确定临界值点，本节分别拟合区间[0,40]、[0,20]、[20,40]的曲线及函数，拟合公式如下：

$$\begin{cases}F_1(x)=0.0113x^{2.082}, & x\in[0,40]\\F_2(x)=0.006793x^{2.23}, & x\in[0,20]\\F_3(x)=0.01518x^{1.999}, & x\in[20,40]\end{cases}\quad（2\text{-}21）$$

拟合结果如图2-8所示，其中绿色圆点为不同噪声的评估误差，粉线为拟合曲线。

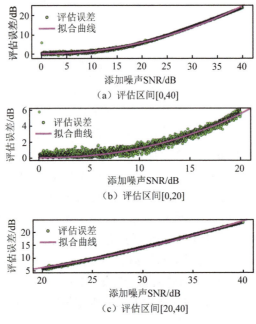

图2-8　评估误差三个区间拟合结果

为了更好地比较三个区间的拟合结果，绘制三个区间的拟合误差，如图2-9所示。对比图2-9（a）与（b），在图2-9（a）中存在大量误差大于等于-1的情况；对比图2-9（a）与（c），在图2-9（a）中误差大于0.5的数量远多于图2-9（c）。基于此，本节选定函数$F_2(x)$、$F_3(x)$作为拟合函数，评估式（2-19）的区间。

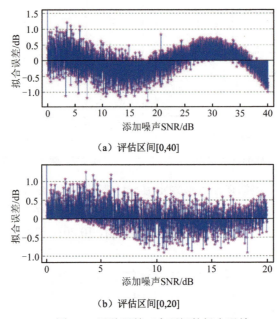

图2-9　评估误差三个区间的拟合误差

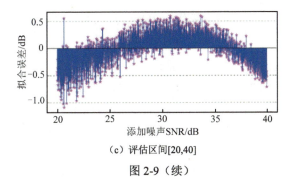

（c）评估区间[20,40]

图 2-9（续）

观察图 2-9 可知，拟合函数在区间[0,20]存在 $F_2(x)$ 导数为零的点，这一点为误差稳定值与误差非线性变化的临界点；在区间[20,40]存在 $F_3(x)$ 导数为定值的点，这一点即为误差非线性变化与线性变化的临界点。因此，对函数 $F_2(x)$、$F_3(x)$ 求导：

$$F_2'(x) = 0.006793 \times 2.23x^{1.23}, \quad x \in [0,20] \tag{2-22}$$

$$F_3'(x) = 0.01518 \times 1.999x^{0.999}, \quad x \in [20,40] \tag{2-23}$$

将信噪比在区间[0,20]的含噪信号的噪声评估值代入式（2-22），并将其值绘制成图形，得到一阶导数图，如图 2-10（a）所示。图中并不存在一阶导数值为零的点，根据图中曲线的趋势求其二阶导数为零的点，其二阶导数如下：

$$F_2''(x) = 0.006793 \times 2.23 \times 1.23x^{0.23}, \quad x \in [0,20] \tag{2-24}$$

将信噪比在区间[0,20]的含噪信号的噪声评估值代入式（2-24），并将其值绘制成图形，得到二阶导数图，如图 2-10（b）所示。图中也不存在二阶导数值为零的点。

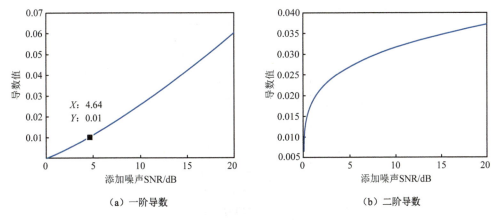

（a）一阶导数　　　　　　　　　　　（b）二阶导数

图 2-10　函数 $F_2(x)$ 的导数图

由此得出如下结论，一阶导函数值无限趋近于 0，但是其值并不等于零，这是由拟合误差造成的。本节选定导数值为 0.01 的点作为误差稳定值与误差非线性变化的临界点，其横坐标为 4.64，即含噪信号的信噪比为 4.64dB。与图 2-7 对比可知，当信噪比为 4.64dB 时含噪信号的噪声评估值趋于定值，证明了本方法的可行性。

将信噪比在区间[20,40]的含噪信号的噪声评估值代入式（2-23），并将其值绘制成图形，得到一阶导数图，如图 2-11（a）所示。从图中可以观察到，一阶导数近似为线性变化，为了进一步了解图中曲线的变化，求其二阶导数，公式如下：

$$F_3''(x) = 0.01518 \times 1.999 \times 0.999x^{-0.001}, \quad x \in [20,40] \quad (2\text{-}25)$$

将信噪比在区间[20,40]的含噪信号的噪声评估值代入式（2-25），并将其值绘制成图形，得到二阶导数，如图2-11（b）所示。图中二阶导数值不为定值，因此函数$F_3(x)$的一阶导数并非线性变化。当函数$F_3(x)$的一阶导数值趋近于定值时，其对应的点为误差非线性变化与线性变化的临界点，即为二阶导数趋近于零的点。为了更准确地获得参数值，将图2-11（b）局部放大，如图2-11（c）所示。由图2-11（b）、（c）可知，区间[20,40]的二阶导数值在区间[0.030210,0.030225]，且趋于定值。本节取区间[20,40]二阶导数值的平均值作为误差非线性变化与线性变化的临界点，此时横坐标为29.43，即含噪信号的信噪比为29.43dB。与图2-4对比可知，信噪比为29.43dB时含噪信号的噪声评估值趋于稳定，证明了本方法的可行性。

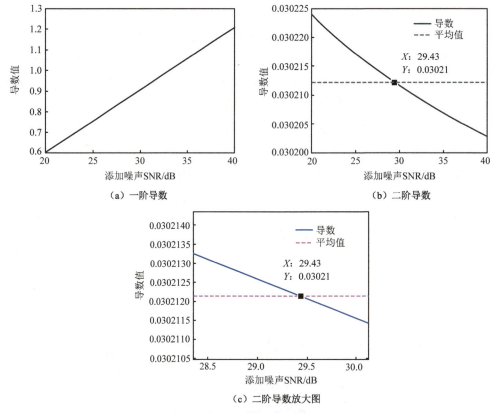

图2-11　函数$F_3(x)$的导数图

根据上述研究，噪声评估误差被分为区间(-100,4.64)、[4.64,29.43]、(29.43,100)，本节分别取三个区间的噪声评估误差进行拟合，得到如下误差拟合公式：

$$\begin{cases} f_1(x) = 0.0007x + 0.05073, & x \in (-100, 4.64) \\ f_2(x) = 0.005692x^{2.298}, & x \in [4.64, 29.43] \\ f_3(x) = 0.9994x - 16.3, & x \in (29.43, 100) \end{cases} \quad (2\text{-}26)$$

式中，$f(x)$ 为误差拟合函数，基于式（2-26）可以得到噪声评估函数，见式（2-27）。当含噪信号的信噪比为 4.64dB 时，其评估噪声值为 4.236dB，此时对应的 Medv 为 0.377；当含噪信号的信噪比为 29.43dB 时，其评估噪声值为 16.38dB，此时对应的 Medv 为 0.023。因此式（2-27）的区间为 $(10^{-10}, 0.023)$、$[0.023, 0.377]$、$(0.377, 10^{10})$。

$$H_{11} = \begin{cases} \dfrac{-10\lg(\text{Medv}) - L_{12}}{1 - L_{11}}, & \text{Medv} \in \left(10^{-10}, 0.023\right) \\ -10\lg(\text{Medv}) + a_{11} * H_{11}^{b_{11}}, & \text{Medv} \in [0.023, 0.377] \\ \dfrac{-10\lg(\text{Medv}) + P_{12}}{1 - P_{11}}, & \text{Medv} \in \left(0.377, 10^{10}\right) \end{cases} \tag{2-27}$$

式中，$H_{11}$ 为白噪声环境下的噪声评估函数，其为噪声评估值与评估误差之和。经拟合计算，消除评估误差时的拟合参数为 $L_{11}$=0.9994、$L_{12}$=16.38、$a_{11}$=0.005692、$b_{11}$=2.298、$P_{11}$=0.0007、$P_{12}$=0.05073。

综上研究，要获得 AMADE 目标函数，首先使用式（2-17）评估信号的 Medv 值；其次根据 Medv 值的大小，自适应地选择式（2-27）中最合适的评估函数；最后根据评估函数输出评估噪声值。

### 2.3.2　白噪声和 Chirp 信号

由于信号采集环境并不只包含齿轮箱故障信号，还包含自然界中存在的 Chirp 信号，因此本小节在模拟信号中添加 Chirp 信号，构造新的数学模型，其结果如下：

$$\begin{cases} x_1(t) = \sin(2\pi f_1 t) \\ x_2(t) = A_{\mathrm{m}} \exp\left(-\dfrac{g}{T_{\mathrm{m}}}\right) \sin(2\pi f_c t) \\ x_3(t) = (1 + \cos(2\pi f_{n1} t)) \sin(2\pi f_c t) \\ x(t) = x_1(t) + x_2(t) + x_3(t) \\ X(t) = x(t) + C + n(\text{size}(x(t))) \end{cases} \tag{2-28}$$

式中，$x_1(t)$、$x_2(t)$、$x_3(t)$ 的含义与式（2-16）一致；$C$ 为 Chirp 信号。构造 20000 个信号，其中添加噪声的 SNR 区间为 $[-100,100]$，步长为 0.01dB；Chirp 信号的频率范围为 60～20000Hz。

使用与 2.3.1 节研究相同的方法，得到如下拟合误差函数：

$$\begin{cases} f_1(x) = 1.332 \times 10^{-44} \times (x + 100.01)^{22.12}, & x \in (-100, -5.06] \\ f_2(x) = 0.2432 \times (x + 5.06)^{1.298}, & x \in (-5.06, 9.34) \\ f_3(x) = 0.9977x - 2.046, & x \in [9.34, 100) \end{cases} \tag{2-29}$$

基于式（2-29）可以得到噪声评估函数，见式（2-30），当含噪信号的信噪比为-5.06dB 时，其评估噪声值为-5.804dB，此时对应的 Medv 为 3.805；当含噪信号的信噪比为 9.34dB 时，其评估噪声值为 1.292dB，此时对应的 Medv 为 0.743。因此式（2-29）的区间为 $(10^{-10}, 0.743)$、$[0.743, 3.805]$、$(3.805, 10^{10})$。

$$H_{22} = \begin{cases} -10\lg(Medv) + L_{21}H_{22} - L_{22}, & Medv \in (10^{-10}, 0.743) \\ -10\lg(Medv) + a_{21}(H_{22} + 5.06)^{b_{21}}, & Medv \in [0.743, 3.805] \\ -10\lg(Medv) + P_{21}(H_{22} + 100.01)^{P_{22}}, & Medv \in (3.805, 10^{10}) \end{cases} \quad (2\text{-}30)$$

式中，$H_{22}$ 为白噪声和 Chirp 信号环境下的噪声评估函数，其为噪声评估值与评估误差之和。经拟合计算，消除评估误差时的拟合参数为 $L_{21}$=0.9977、$L_{22}$=2.046、$a_{21}$=0.2432、$b_{21}$=1.298、$P_{21}$=1.332×10$^{-44}$、$P_{22}$=22.12。

### 2.3.3 白噪声、Chirp 信号和调制信号

由于信号采集环境除去上述提到的信号，还包含人造电磁信号和其他机械零件相互碰撞产生的振动信号，也会影响信号的采集，因此本节模拟信号的幅值与频率信号，构造新的数学模型，其结果见式（2-28）。调制信号的载波频率为 300Hz。

使用与上述研究相同的方法，得到拟合误差函数如下：

$$\begin{cases} f_1(x) = 7.475 \times 10^{-47} \times (x + 100.01)^{23.05}, & x \in (-100, -1.97) \\ f_2(x) = 0.2172 \times (x + 1.96)^{1.285}, & x \in [-1.97, 9.62) \\ f_3(x) = 1.001x - 4.545, & x \in [9.62, 100) \end{cases} \quad (2\text{-}31)$$

基于式（2-31）可以得到噪声评估函数，见式（2-32）。当含噪信号的信噪比为-1.97dB 时，其评估噪声值为-2.458dB，此时对应的 Medv 为 1.761；当含噪信号的信噪比为 9.62dB 时，其评估噪声值为 4.04dB，此时对应的 Medv 为 0.394。因此式（2-32）的区间为 $(10^{-10}, 0.394)$、$[0.394, 1.761]$、$(1.761, 10^{10})$。

$$H_{33} = \begin{cases} -10\lg(Medv) + L_{31}H_{33} - L_{32}, & Medv \in (10^{-10}, 0.394) \\ -10\lg(Medv) + a_{31}(H_{33} + 1.96)^{b_{31}}, & Medv \in [0.394, 1.761] \\ -10\lg(Medv) + P_{31}(H_{33} + 100.01)^{P_{32}}, & Medv \in (1.761, 10^{10}) \end{cases} \quad (2\text{-}32)$$

式中，$H_{33}$ 为白噪声、Chirp 信号和调制信号环境下的噪声评估函数，其为噪声评估值与评估误差之和。经拟合计算，消除评估误差时的拟合参数为 $L_{31}$=1.001、$L_{32}$=4.545、$a_{31}$=0.2172、$b_{31}$=1.285、$P_{31}$=7.475×10$^{-47}$、$P_{32}$=23.05。

综上三种工况条件下的信号噪声评估函数，第 3 章将其应用于 AWF-STFT 中验证该目标函数的可行性。

实际工况中，通过传感器采集的信号包含大量环境噪声，精确区分故障信号与噪声，提高信号的分析精度，是信号处理中必须解决的问题。本节提出的目标函数适用于三种噪声条件下的故障信号滤波，对于如何确定采集到的信号属于哪种噪声条件需要预先判断。

## 2.4 生成树算法

生成树算法（STA）是系统从一个状态到另一个状态改变过程的寻优算法。智能随

机搜索算法（如进化算法、启发式算法等）的随机过程都可以理解为状态转移过程。状态转移优化算法就是把优化问题的结果当成一个状态，将在搜索空间进行搜索的过程视为状态转移的一种进化算法。

### 2.4.1　生成树算法的优化理论

STA 可以同时优化几个参数，该算法使用旋转、转移、扩展、平移四种状态操作算子解决连续优化问题，其有很强的全局寻优能力，并且具有收敛速度快、寻优精度高等优点。

STA 可以写成如下形式：

$$\begin{cases} x_{k+1} = A_k x_k + B_k u_k \\ y_{k+1} = f(x_{k+1}) \end{cases} \tag{2-33}$$

式中，$y_{k+1}$ 表示滞后 $k$ 个时刻的振动信号值；$x_k \in R^n$ 和 $x_{k+1}$ 分别表示当前状态和转移状态；$A_k$ 和 $B_k$ 是状态转移矩阵，可被认为是优化算法的操作算子；$u_k$ 是一个与当前状态 $x_k$ 和历史状态相关的函数；$f(x_{k+1})$ 是目标函数。

为了解决式（2-33）的优化问题，四个核心操作算子如下。

1）旋转算子

$$x_{k+1} = x_k + \alpha \frac{1}{n\|x_k\|_2} R_r x_k \tag{2-34}$$

式中，$\alpha$ 是一个正数，称为旋转算子；$n$ 为变量个数；$R_r \in R^{n\times n}$ 是[-1,1]之间服从均匀分布的随机矩阵。该算子是搜索算法在一个以 $x_k$ 为中心、$\alpha$ 为半径的超球面内进行寻优，其中半径 $\alpha$ 满足 $\|x_{k+1} - x_k\|_2 \leqslant \alpha$。

2）转移算子

$$x_{k+1} = x_k + \beta R_t \frac{x_k - x_{k-1}}{\|x_k - x_{k-1}\|_2} \tag{2-35}$$

式中，$\beta$ 是一个正数，称为转移算子；$R_t \in R$ 是[0,1]之间服从均匀分布的随机矩阵。该算子沿着 $x_{k-1}$ 到 $x_k$ 梯度正方向进行搜索，搜索步长最大为 $\beta$。

3）扩展算子

$$x_{k+1} = x_k + \gamma R_e x_k \tag{2-36}$$

式中，$\gamma$ 是一个正数，称为扩展算子；$R_e \in R^{n\times n}$ 是服从高斯分布的对角矩阵。该操作算子能够在整个搜索空间进行寻优。

4）平移算子

$$x_{k+1} = x_k + \delta R_a x_k \tag{2-37}$$

式中，$\delta$ 是一个正数，称为平移算子；$R_a \in R^{n\times n}$ 是服从高斯分布的对角矩阵，且矩阵只有一个随机位置上的元素不为零。平移算子能够沿某一变量的轴线搜索，从而提高单维搜索能力。

STA 的基本流程图如图 2-12 所示。图中，Best 为种群中的最优个体，SE 为搜索种群的个体数。图中进行了扩展、旋转、平移三步操作，将转移操作嵌入这三步中进行。具体步骤如下。

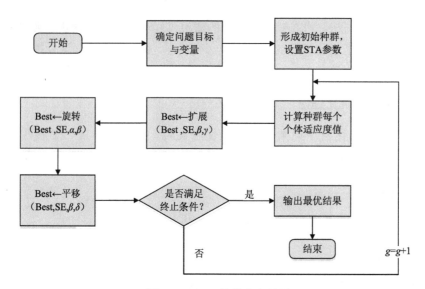

图 2-12　STA 的基本流程图

**Step1**：确定问题目标与变量；初始化状态转移算法的搜索种群个体数 SE 以及各个算子 $\alpha$、$\beta$、$\gamma$、$\delta$ 的值。

**Step2**：计算种群每个个体适应度值。

**Step3**：Best←扩展（Best,SE,$\beta$,$\gamma$），用迭代的 Best 值替代原来的 Best 值，即 oldBest←Best，其适应度为 $f$(Best)。

**Step4**：将 oldBest 复制成个体数为 SE 的群体，进行扩展后得到种群 state；计算 state 中的个体适应度值，此时的群体最优个体为更新迭代的 Best（newBest），其适应度值为 $Best_g$。

**Step5**：如果 $Best_g$ < $f$(Best)（针对求极小值问题），则 $f$(Best)←$Best_g$，Best←newBest，执行 Step6；否则执行 Step7。

**Step6**：$x_{k-1}$←oldBest，$x_k$←Best，各复制 SE 个，两两配对，分别按式（2-36）进行转移操作后得到种群 state；计算 state 中的个体适应度值，此时的群体最优个体为 newBest，其适应度值为 $Best_g$。

**Step7**：如果 $Best_g$< $f$(Best)，则 $f$(Best)←$Best_g$、Best←newBest。

**Step8**：将 Best 作为扩展操作输出。

**Step9**：Best←旋转(Best,SE,$\alpha$,$\beta$)和 Best←平移(Best,SE,$\beta$,$\delta$)与 Step3～Step8 类似。

**Step10**：判断最终结果是否满足终止条件，若满足则输出最优结果；否则，执行 Step2～Step9，迭代次数加 1（即 $g=g+1$），继续寻优。

### 2.4.2　种群数量的确定

本节采用 Rastrigin 函数分别测试蚁狮优化（ant lion optimization，ALO）算法、灰狼优化（grey wolf optimization，GWO）算法、闪电搜索算法（lightning search algorithm，LSA）、粒子群优化（particle swarm optimization，PSO）算法、生成树算法（STA）、鲸鱼优化算法（whale optimization algorithm，WOA）的寻优时间。其中函数的个数设置为

100，迭代次数设置为 500，重复运行 30 次，总的运行时间如表 2-2 所示。对比表中各智能算法的寻优运行时间可知，STA 算法的寻优速度最快，为 13.196386s。

表 2-2　智能算法寻优时间

| 智能算法 | 运行时间/s |
| --- | --- |
| ALO | 17.741055 |
| GWO | 19.915277 |
| LSA | 13.715444 |
| PSO | 19.781648 |
| STA | 13.196386 |
| WOA | 18.547109 |

由于状态转移算法种群个体数的设定影响该算法的寻优速度和精度，且在本节研究之前，种群个体数都是人为设定的，其必然存在人为误差。针对状态转移算法的不足，本节将不同的种群个体数（其中旋转算子、转移算子、扩展算子、平移算子不变，分别设定为 $\alpha=1$、$\beta=1$、$\gamma=1$、$\delta=1$）应用于 Rastrigin 函数优化测试方程的寻优过程，并检测每次寻优运行时间（种群个体数为 1～100），结果如图 2-13 所示。寻优过程运行三次，可以明显观察到，第一次运行最优种群个体数为 32，寻优运行时间为 0.05793s；第二次运行最优种群个体数为 9，寻优运行时间为 0.06298s；第三次运行最优种群个体数为 36，寻优运行时间为 0.06833s。

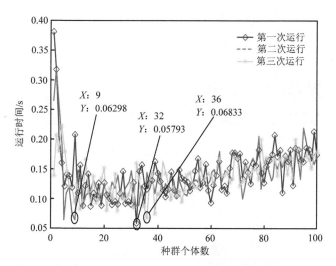

图 2-13　不同种群寻优运行时间

由图 2-13 可知，每运行一次，最优种群个体数都不确定。为了更精确地确定最优种群个体数，本章取同一种群寻优 10000 次运行时间的平均值，取 1～100 个种群分别寻优 10000 次，结果如图 2-14 所示。从图中可以明显地观察到，当种群个体数为 9 时，平均寻优运行时间最短为 0.09718s。与人为设定种群个体数方法相比，本节提出的方法能够提高寻优效率，节省运行时间。

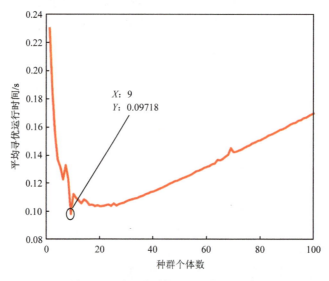

图 2-14　不同种群的平均寻优运行时间

　　本节以 SE=9、SE=10、SE=20、SE=30 为例将每一个种群寻优 10000 次，并记录每次运行的时间，结果如图 2-15 所示。图 2-15（a）中，SE=9 时运行时间幅值大部分在 0～0.2s 之间变化，不存在突然的变化，其结果比较稳定；图 2-15（b）～（d）显示同一种群每次运行时间幅值变化较大。因此取 SE=9 更能提高寻优效率，节省运行时间。

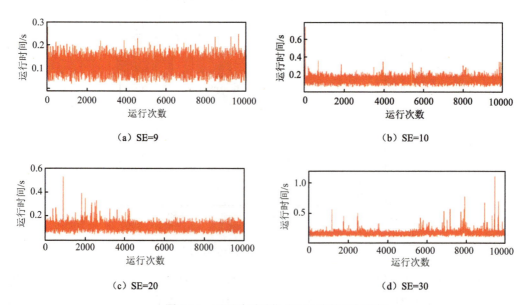

图 2-15　不同种群寻优 10000 次的运行时间

## 2.5　目标函数应用

### 2.5.1　目标函数在 AWF-STFT 中的应用

针对上述研究，本节构造三种工况条件下的信号，分别应用三种目标函数作为状态转移算法的寻优目标确定 AWF-STFT 的尺寸。

首先，模拟信号中仅包含白噪声，白噪声的信噪比为-38.9dB，其时频图如图 2-16 所示。图 2-16（a）所示为模拟齿轮箱中齿轮的齿面点蚀故障、轴承内圈故障的原始信号；图 2-16（b）所示为向原始信号中添加白噪声。对比图 2-16（a）、（b）可以明显地观察到，原始信号被噪声淹没。将式（2-27）作为目标函数，使用 STA 自适应地确定 AWF-STFT 的尺寸，并使用该滤波器滤除信号中的噪声，其结果如图 2-16（c）所示。对比图 2-16（b）、（c）可以明显地观察到，噪声被滤除；对比图 2-16（a）、（c）可以发现，滤波后的信号与原始信号基本一致，此时 STA 获取的滤波器最佳长度为 12。

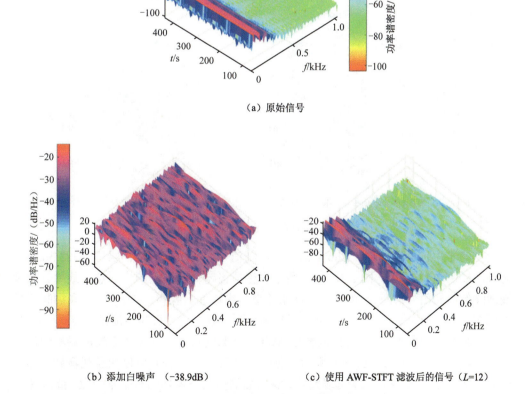

（a）原始信号

（b）添加白噪声　（-38.9dB）　　　（c）使用 AWF-STFT 滤波后的信号（$L$=12）

图 2-16　信号中包含白噪声的时频图

　　模拟信号中包含白噪声和 Chirp 信号，其中噪声的信噪比为-32.38dB，其时频图如图 2-17 所示。图 2-17（a）所示为模拟齿轮箱中齿轮的齿面点蚀故障、轴承内圈故障的原始信号；图 2-17（b）为向原始信号中添加白噪声和 Chirp 信号的时频图。对比图 2-17（a）、（b）可以明显观察到，原始信号被噪声淹没。将式（2-30）作为目标函数，使用 STA 自适应地确定 AWF-STFT 的尺寸，并使用该滤波器滤除信号中的噪声，其结果如图 2-17（c）所示。对比图 2-17（b）、（c）可以明显观察到，噪声被滤除；对比图 2-17（a）、（c）可以发现，滤波后的信号与原始信号基本一致，此时 STA 获取的滤波器最佳长度为 2。

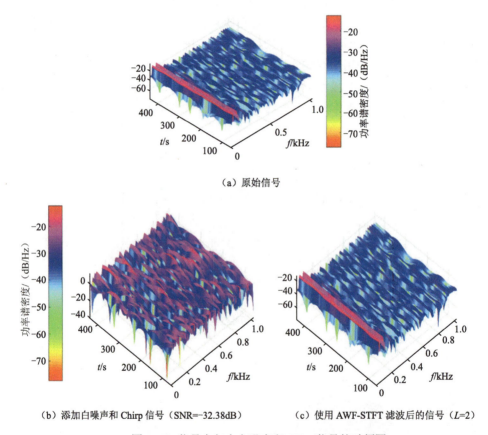

（a）原始信号

（b）添加白噪声和 Chirp 信号（SNR=-32.38dB）　　　（c）使用 AWF-STFT 滤波后的信号（$L$=2）

图 2-17　信号中包含白噪声和 Chirp 信号的时频图

　　模拟信号中包含白噪声、Chirp 信号和调制信号，其中噪声的信噪比为-23.36dB，其时频图如图 2-18 所示。图 2-18（a）所示为模拟齿轮箱中齿轮的齿面点蚀故障、轴承内圈故障的原始信号；图 2-18（b）为向原始信号中添加白噪声、Chirp 信号和调制信号的时频图。对比图 2-18（a）、（b）可以明显观察到，原始信号被噪声淹没。将式（2-32）作为目标函数，使用 STA 自适应地确定 AWF-STFT 的尺寸，并使用该滤波器滤除信号中的噪声，其结果如图 2-18（c）所示。对比图 2-18（b）、（c）可以明显观察到，噪声被滤除；对比图 2-18（a）、（c）可以发现，滤波后的信号与原始信号基本一致，此时 STA 获取的滤波器最佳长度为 732。

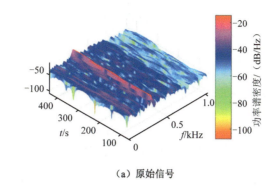

（a）原始信号

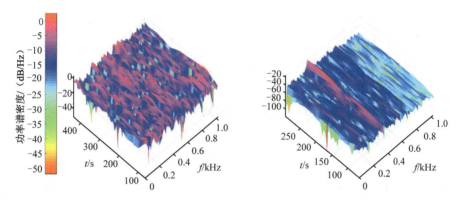

（b）添加白噪声、Chirp 信号和调制信号（SNR=-23.36dB）　（c）使用 AWF-STFT 滤波后的信号（L=732）

图 2-18　信号中包含白噪声、Chirp 信号和调制信号时频图

　　根据上述研究，提出三种工况条件下的目标函数，采用 STA 对目标函数进行寻优，并将其应用于 AWF-STFT 中，最终自适应地获得了滤波器的最佳长度以及最佳滤波效果的时频图，验证了本节所提方法的可行性。

### 2.5.2　目标函数在信号识别中的应用

　　上述研究中，目标函数在 AWF-STFT 中取得了很好的效果，然而三种仿真信号中噪声的种类已经确定，具体使用哪种目标函数已经被人为设定。由于实际检测的信号无法判定信号中噪声的种类，因此选择合适的目标函数衡量信号的噪声种类至关重要。本节采用互信息熵（mutual information entropy，MIE）作为信号识别的依据。

#### 1. 互信息熵

　　互信息熵（MIE）是克劳德·香农（Claude Shannon）提出的概念，它反映随机变量相互包含的信息量或相互之间的统计依赖性。若两个随机变量之间越关联，则互信息值越大；反之，则互信息值越小。如果两个随机变量之间相互独立，则互信息值达到最小值零。

　　假设采用 SSD 方法对向原始信号中添加了白噪声的信号进行分解，可得到不同的信号分量 $SSC_1, SSC_2, \cdots, SSC_n$。对每个 SSC 求其能量分别为 $E_1, E_2, \cdots, E_n$，则有

$$E_i = -\text{lb}\left(\frac{P_i}{P}\right) \tag{2-38}$$

式中，$E_i$ 为第 $i$ 个分量的能量熵；$P_i$ 为第 $i$ 个分量的能量；$P$ 为所有信号的总能量，$P = \sum_{i=1}^{n} P_i$（$i = 1,2,\cdots,n$，$n$ 为 SSD 获得的分量个数）。任意 SSC 分量为 $s_j$，其相应的固有能量熵可定义为

$$H(s_j) = E\left[-\lg P(s_j)\right] = -\sum_{j=1}^{N} P(s_j) \lg P(s_j) \tag{2-39}$$

在信号重构的过程中，利用互信息描述 SSD 后相邻分量 SSC 能量熵之间的相关性，则相邻分量互信息熵为

$$\begin{cases} I(s_j, s_{j+1}) = H(s_j) + H(s_{j+1}) - H(s_j, s_{j+1}) \\ H(s_j) = -\sum_{j=1}^{N} P(s_j) \lg P(s_j) \\ H(s_{j+1}) = -\sum_{j=1}^{N} P(s_{j+1}) \lg P(s_{j+1}) \\ H(s_j, s_{j+1}) = -\sum_{j=1}^{N} \sum_{j=1}^{N} P(s_j, s_{j+1}) \lg P(s_j, s_{j+1}) \end{cases} \tag{2-40}$$

式中，$H(s_j)$、$H(s_{j+1})$ 分别表示 $s_j$、$s_{j+1}$ 的固有能量熵；$H(s_j, s_{j+1})$ 表示 $H(s_j)$、$H(s_{j+1})$ 的联合能量熵；$I(s_j, s_{j+1})$ 表示 $H(s_j)$、$H(s_{j+1})$ 的互信息熵。

信号经过 SSD，其分量从高频到低频依次分解，获得的分量可以分解为高频分量信号和低频分量信号两部分。高频分量多为噪声和干扰信号，低频分量为需要的目标信号，即故障信号。假定高频分量信号与低频分量信号相互独立统计，根据信息论的知识可知，相互独立的两个随机变量之间的互信息熵等于零。因此可知相邻的 SSC 分量之间的互信息熵，会根据从高频到低频出现从大到小再到大的过程，即在中间一定会出现一个转折点，利用这个特点，通过互信息熵原则，找到高频分量信号与低频分量信号的转折点。于是，可以得到如下目标函数：

$$\begin{cases} \text{if } I(s_j, s_{j+1}) \downarrow \text{ and } I(s_{j+1}, s_{j+2}) \uparrow \\ \theta = \text{first}\left(\arg \min_{1 \leq j \leq n-1}\left[I(s_j, s_{j+1})\right]\right) \end{cases} \tag{2-41}$$

式中，$\theta$ 为高频分量信号与低频分量信号的转折点，即为互信息熵的极小值。

如果对于第 $j$ 个 SSC 分量，$I(s_j, s_{j+1})$ 的值在下降，并且 $I(s_{j+1}, s_{j+2})$ 的值在上升，那么在所有这样的 SSC 分量中找到使 $I(s_j, s_{j+1})$ 达到最小值的第一个 $j$，并将这个 $j$ 的值赋给变量 $\theta$。

2. 信号识别

三种仿真信号误差图结果如图 2-19 所示。图中，红线为当含有白噪声时噪声与评估噪声之间的误差；蓝线为当含有白噪声和 Chirp 信号时噪声与评估噪声之间的误差；黄线为当含有白噪声、Chirp 信号和调制信号时噪声与评估噪声之间的误差；粉线为评

估噪声；左下角为区间[-10,10]的局部放大图。

为了进一步研究三种目标函数之间的关系，将图 2-19 局部放大，其结果如图 2-20 所示。从图中可以明显观察到，在区间[-100,0]，三个仿真信号与评估噪声值之间的误差变化趋于一致，结合式（2-27）、式（2-29）、式（2-30）的区间以及计算的复杂程度，选择区间[-100,-5.804]作为目标函数的区间，选择式（2-27）中第一个公式作为目标函数，即将评估噪声值在区间[-100,-5.804]的信号都采用式（2-27）的第一个公式评估。区间(-5.804,100)的信号识别过程采用图 2-21 所示的流程进行。

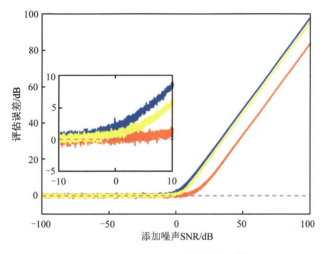

图 2-19　三种仿真信号误差图

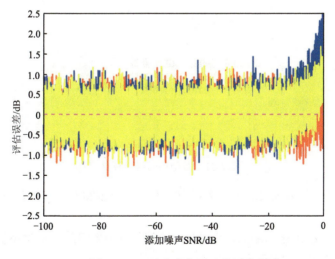

图 2-20　三种仿真信号误差图放大图

区间(-5.804,100)的信号识别过程具体如下：

（1）通过信号采集仪获得故障信号 $X(t)$；

（2）分别采用三种目标函数评估 $X(t)$ 的噪声值，获得三个评估噪声值 $H_{11}$、$H_{22}$、$H_{33}$；

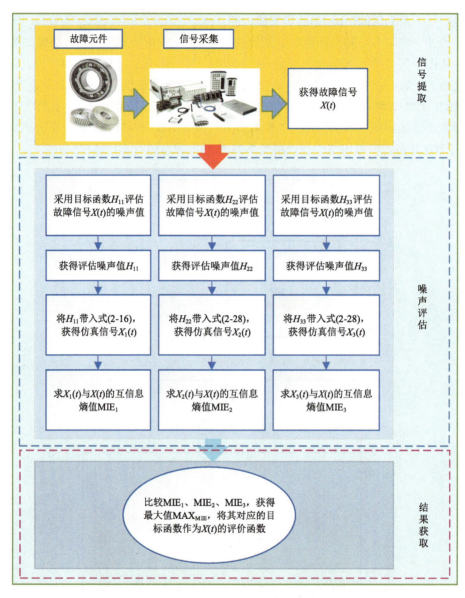

图 2-21　故障信号噪声评估流程

（3）分别将 $H_{11}$ 代入式（2-16），$H_{22}$、$H_{33}$ 代入式（2-28）得到仿真信号 $X_1(t)$、$X_2(t)$、$X_3(t)$；

（4）分别求信号 $X_1(t)$、$X_2(t)$、$X_3(t)$ 与故障信号 $X(t)$ 之间的互信息熵值，得到三个互信息熵值 $\mathrm{MIE_1}$、$\mathrm{MIE_2}$、$\mathrm{MIE_3}$；

（5）比较 $\mathrm{MIE_1}$、$\mathrm{MIE_2}$、$\mathrm{MIE_3}$，获得最大值 $\mathrm{MAX_{MIE}}$，将最大值对应的目标函数作为故障信号 $X(t)$ 的评价函数。

采用图 2-21 所示的方法，本节模拟信噪比在区间（-5.804,100）的含噪信号的噪声评估过程，其步长为 0.01dB，得到表 2-3 所示的评估结果。由表可知，当仿真信号仅含有白噪声时，分别使用三种目标函数评估仿真信号，最终 $\mathrm{MIE_1}$ 大于 $\mathrm{MIE_2}$ 且 $\mathrm{MIE_1}$ 大于

MIE$_3$ 的情况占总仿真信号的 88.28%；当仿真信号中含有白噪声与 Chirp 信号时，分别使用三种目标函数评估仿真信号，最终 MIE$_2$ 大于 MIE$_1$ 且 MIE$_2$ 大于 MIE$_3$ 的情况占总仿真信号的 85.82%；当仿真信号中含有白噪声、Chirp 信号和调制信号时，分别使用三种目标函数评估仿真信号，最终 MIE$_3$ 大于 MIE$_1$ 且 MIE$_3$ 大于 MIE$_2$ 的情况占总仿真信号的 79.24%。

表 2-3　三种目标函数的评估结果

| 噪声种类 | 评估准确率/% |
| --- | --- |
| 白噪声 | 88.28 |
| 白噪声/Chirp 信号 | 85.82 |
| 白噪声/Chirp 信号/调制信号 | 79.24 |

基于上述研究，本章最终得到的目标函数见式（2-42）。信号评估信噪比为-5.804dB，此时对应的 Medv 为 3.805，因此公式区间的临界点为 3.805。

$$H = \begin{cases} \text{白噪声} \\ H_{11} = \begin{cases} \dfrac{-10\lg(\text{Medv})-L_{12}}{1-L_{11}}, & \text{Medv} \in \left(10^{-10},0.023\right) \\ -10\lg(\text{Medv})+a_{11}H_{11}^{b_{11}}, & \text{Medv} \in [0.023,0.377] \\ \dfrac{-10\lg(\text{Medv})+P_{12}}{1-P_{11}}, & \text{Medv} \in (0.377,3.805) \end{cases} \\ \text{白噪声} / \text{Chirp信号} \\ H_{22} = \begin{cases} -10\lg(\text{Medv})+L_{21}H_{22}-L_{22}, & \text{Medv} \in \left(10^{-10},0.743\right) \\ -10\lg(\text{Medv})+a_{21}\left(H_{22}+5.06\right)^{b_{21}}, & \text{Medv} \in [0.743,3.805] \end{cases} \\ \text{白噪声} / \text{Chirp信号} / \text{调制信号} \\ H_{33} = \begin{cases} -10\lg(\text{Medv})+L_{31}H_{33}-L_{32}, & \text{Medv} \in \left(10^{-10},0.394\right) \\ -10\lg(\text{Medv})+a_{31}\left(H_{33}+1.96\right)^{b_{31}}, & \text{Medv} \in [0.394,1.761] \\ -10\lg(\text{Medv})+P_{31}\left(H_{33}+100.01\right)^{P_{32}}, & \text{Medv} \in (1.761,3.805) \\ \dfrac{-10\lg(\text{Medv})+P_{12}}{1-P_{11}}, & \text{Medv} \in \left(3.805,10^{10}\right) \end{cases} \end{cases}$$

（2-42）

## 2.6　本　章　小　结

本章针对故障信号难以识别及基于短时傅里叶变换的维纳滤波器（AWF- STFT）不具有自适应的问题，提出一种新型自适应中位绝对偏差评估器（AMADE）。首先，根据不同的齿轮箱工况环境获得三种不同数学模型的噪声评估器；其次，分别使用三种评估器评估振动信号，将获得的噪声值输入三种工况的仿真信号中，构建三个仿真模型，分别计算三个仿真模型与振动信号的 MIE 值，获得最大 MIE 值对应的评估器，实现识别信号噪声的目的；最后，将噪声评估器作为目标函数应用于 AWF-STFT 中。针对目标函数确定的 AWF-STFT 尺寸需要人为寻找的问题，本章提出使用生成树算法（STA）自适应地确定振动信号对应的最佳滤波器尺寸，输出最佳滤波效果。由于 STA 方法的种群个体数是人为设定存在运行时间长的问题，本章提出 Rastrigin 优化测试方程，测试不同种群的寻优运行时间，确定最优种群个体数，优化了 STA 算法。

# 第3章 基于 ARMA 模型的多点最优最小 反褶积调整的齿轮箱故障诊断

对齿轮箱进行故障诊断时一般是在不停机的情况下对内部振动信号进行采集，然后对采集的振动信号进行处理来确定故障位置。反褶积算法通过对采集的振动信号进行解卷积的方式来得到故障特征信号，在齿轮箱的故障诊断方面具有明显优势。本章采用多点最优最小反褶积方法来进行齿轮箱的故障特征信号提取。最优最小反褶积方法克服了最小熵反褶积（minimum entropy deconvolution，MED）方法与最大相关峭度反褶积（maximum correlated kurtosis deconvolution，MCKD）方法的缺陷，能对周期性脉冲信号进行有效提取，但是由于齿轮箱的工作环境比较恶劣，所采集到的齿轮箱振动信号中含有大量的背景噪声。多点最优最小反褶积调整（multipoint optimal minimum entropy deconvolution adjusted，MOMEDA）方法在强噪环境下对故障特征信号的提取有局限性。为了克服 MOMEDA 的缺陷，本章运用自回归滑动平均（ARMA）模型来构建前置滤波器对采集到的振动信号进行降噪处理，采用仿真信号和美国凯斯西储大学的齿轮箱公开数据对本章所提方法进行验证。

## 3.1 多点最优最小反褶积调整方法的基本原理

MED 只能提取单一脉冲，为了改善此缺陷，杰弗里（Geoff L）提出了 MCKD，但是此方法的滤波器长度、降噪周期和移位数对其效果影响较大。此外，MCKD 只能对有限个脉冲进行有效提取，限制了诊断效率。文献[49]提出了一种提取周期性脉冲的反褶积算法，主要是通过非迭代的方法求解最优滤波器，以此提取连续的周期性脉冲，此方法称为 MOMEDA。

### 3.1.1 MOMEDA 基本原理

MOMEDA 的思路如下。传感器采集到的振动信号 $y(n)$ 表示如下：
$$y(n) = g(n)x(n) + q(n) \tag{3-1}$$
式中，$g(n)$ 为传递函数；$x(n)$ 为输入信号；$q(n)$ 为噪声信号。MOMEDA 的目的是寻找一个有限冲激响应（finite impulse response，FIR）滤波器，使输出结果 $y(n)$ 尽可能恢复原冲击信号。

MOMEDA 是一种反卷积方法，用于在确定的位置识别多个冲击脉冲信号。这里引入一个概念，用 MDN 表示，其最大值就是 MOMEDA，表示如下：
$$\text{MDN}(y, t) = \frac{1}{\|t\|} \frac{t^{\text{T}} y}{\|y\|} \tag{3-2}$$

$$\text{MOMEDA:max MDN}(y,t) = \max_f \frac{t^T y}{\|y\|} N \tag{3-3}$$

式中，$N$ 为原始信号长度；$t$ 为确定冲击脉冲位置的目标向量，对其求解得到最佳目标解并进行归一化处理。目标解会随着采样频率的变化而改变，且在同一采样频率下可以对不同周期的脉冲进行提取。同时，目标向量 $t$ 可以对原始信号的冲击成分和噪声成分进行区分。

式（3-3）的极值可以通过对滤波器系数（$f = f_1, f_2, \cdots, f_L$）求导数得到

$$\frac{d}{df}\left(\frac{t^T y}{\|y\|}\right) = \frac{d}{df}\frac{t_1 y_1}{\|y\|} + \frac{d}{df}\frac{t_2 y_2}{\|y\|} + \cdots + \frac{d}{df}\frac{t_{N-L} y_{N-L}}{\|y\|} \tag{3-4}$$

由于 $\dfrac{d}{df}\left(\dfrac{t^T y}{\|y\|}\right) = \|y\|^{-1} t_k M_k - \|y\|^{-3} t_k y_k X_0 y$，且 $M_k = \begin{bmatrix} x_{k+L-1} \\ x_{k+L-2} \\ \vdots \\ x_k \end{bmatrix}$，因此，式（3-4）可以

表示如下：

$$\frac{d}{df}\left(\frac{t^T y}{\|y\|}\right) = \|y\|^{-1}(t_1 M_1 + t_2 M_2 + \cdots + t_{N-L} M_{N-L}) - \|y\|^{-3} t^T y X_0 y \tag{3-5}$$

化简后结果为

$$t_1 M_1 + t_2 M_2 + \cdots + t_{N-L} M_{N-L} = X_0 t \tag{3-6}$$

令式（3-6）等于零，则有

$$\|y\|^{-1} X_0 t - \|y\|^{-3} t^T y X_0 y = 0$$

即

$$\frac{t^T y}{\|y\|^2} X_0 y = X_0 t \tag{3-7}$$

由于 $y = X_0^T f$ 以及假设 $(X_0 X_0^T)^{-1}$ 存在，则有

$$\frac{t^T y}{\|y\|^2} f = (X_0 X_0^T)^{-1} X_0 t \tag{3-8}$$

MOMEDA 滤波器和输出解可被简单概括为

$$f = (X_0 X_0^T)^{-1} X_0 t \tag{3-9}$$

$$X_0 = \begin{bmatrix} x_L & x_{L+1} & x_{L+2} & \cdots & \cdots & x_N \\ x_{L-1} & x_L & x_{L+1} & \cdots & \cdots & x_{N-1} \\ x_{L-2} & x_{L-1} & x_L & \cdots & \cdots & x_{N-2} \\ \vdots & \vdots & \vdots & & & \vdots \\ x_1 & x_2 & x_3 & \cdots & \cdots & x_{N-L+1} \end{bmatrix}_{L \text{ by } N-L+1} \tag{3-10}$$

$$y = X_0^T f \tag{3-11}$$

式中，$L$ 为滤波器长度；$L$ by $N-L+1$ 表示滤波器输出信号长度。式（3-9）的倍数为 MOMEDA 滤波器系数的解，根据所得出的系数来进行解反褶积，避免迭代对其系数求解的影响。由于该滤波器能对周期性连续脉冲进行有效提取，因此避免了周期参数不为整数时对求解的影响。

### 3.1.2　MOMEDA 方法的局限性

在单故障诊断中，MOMEDA 在微弱故障提取方面有一定的局限性，它所搜寻到的周期性脉冲可能为虚假分量，对故障特征不能精确识别。

为了更直观地说明噪声对 MOMEDA 在故障识别方面的影响，构造如下模拟信号进行比较：

$$\begin{cases} x_1(t) = A_{\mathrm{m}} \times \exp\left(-\dfrac{g}{T_{\mathrm{m}}}\right)\sin(2\pi f_c t) \\ x_2(t) = x_1(t) + \text{noise} \end{cases} \tag{3-12}$$

式中，$x_1(t)$ 为周期性冲击信号；$A_{\mathrm{m}}$ 为冲击信号的幅值；$g$ 为阻尼系数；$T_{\mathrm{m}}$ 为冲击的周期；$f_c$ 为轴承的故障频率；noise 为随机噪声；$x_2(t)$ 为合成信号。设置参数：$g = 0.1$、$T_{\mathrm{m}} = 0.02$s、$f_c = 320$Hz。

为了进一步验证噪声对 MOMEDA 提取故障的影响，选取不同的噪声进行仿真分析。MOMEDA 的提取效果如图 3-1～图 3-3 所示。图 3-1（a）为 $x_1(t)$ 的脉冲信号，图 3-1（b）为添加的信噪比为 7.76dB 随机噪声，图 3-1（c）为在 7.76dB 信噪比下的合成信号，图 3-1（d）为通过 MOMEDA 算法对合成信号进行故障频率提取，图 3-1（e）为在 7.76dB 信噪比下对 MOMEDA 故障频率提取的包络谱。图 3-2、图 3-3 与图 3-1 同理。

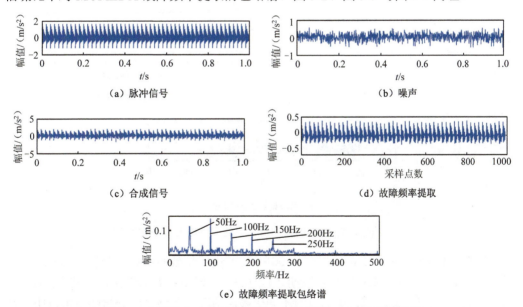

（a）脉冲信号　　　　　　　　　　　（b）噪声

（c）合成信号　　　　　　　　　　　（d）故障频率提取

（e）故障频率提取包络谱

图 3-1　信噪比为 7.76dB 随机噪声下的 MOMEDA 提取效果图

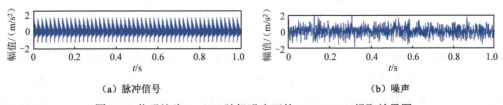

（a）脉冲信号　　　　　　　　　　　（b）噪声

图 3-2　信噪比为 1.74dB 随机噪声下的 MOMEDA 提取效果图

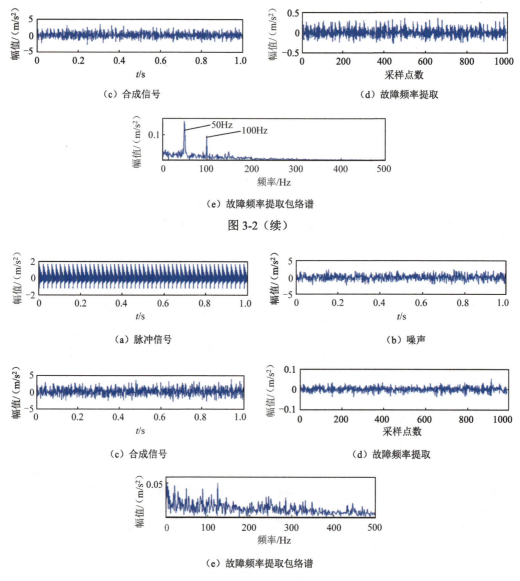

（c）合成信号　　　　　　　　　　　　（d）故障频率提取

（e）故障频率提取包络谱

图 3-2（续）

（a）脉冲信号　　　　　　　　　　　　（b）噪声

（c）合成信号　　　　　　　　　　　　（d）故障频率提取

（e）故障频率提取包络谱

图 3-3　信噪比为-3.11dB 随机噪声下的 MOMEDA 提取效果图

通过仿真验证，随着信噪比的降低，50Hz 的冲击信号被噪声逐渐淹没。在图 3-1（d）和图 3-2（d）中还可以提取出故障周期（$T_m=0.02$），但是随着信噪比再次减小，图 3-3（d）中的脉冲信号被完全淹没。通过对不同信噪比情况下包络谱的分析结果可以明确看出，故障频率在脉冲信号被噪声完全淹没的情况下不能被有效提取。

### 3.1.3　ARMA 算法原理

参数化自回归滑动平均（ARMA）模型在描述旋转机械动态特性方面有良好的效果。针对齿轮、轴承的不同工况，ARMA 模型的自回归参数具有良好的敏感度，在微弱故障诊断及噪声处理方面具有明显的优势。参数化 ARMA 模型在旋转机械故障诊断方面都是依托在平稳的时间序列上，但实际所采集的振动信号并不是平稳的线性序列。因此，需要对采集的信号先进行差分处理，在得到平稳信号后再对该信号进行 ARMA 建模。

ARMA$(n,m)$ 模型的一般式可以表示为

$$x_t = \sum_{i=1}^{n} \varphi_i x_{t-i} + \alpha_t - \sum_{j=1}^{m} \theta_j \alpha_{t-j} \qquad (3\text{-}13)$$

式中，$n$ 为自回归（AR）部分的阶数；$m$ 为滑动平均（MA）部分的阶数；$\varphi_i(i=1,2,\cdots,n)$ 为自回归参数；$\theta_j(j=1,2,\cdots,m)$ 为滑动平均参数；$\alpha_t$ 是一个均值为 0、方差为 $\sigma_\alpha^2$ 的高斯白噪声过程。

ARMA$(n,m)$ 模型中的自回归参数 $\varphi_i$ 与滑动平均参数 $\theta_j$ 都会随着自变量 $t$ 的增大，其函数值线性减小。当 $m=0$ 时，ARMA$(n,m)$ 退化成 AR$(n)$ 模型；当 $n=0$ 时，ARMA$(n,m)$ 退化成 MA$(m)$ 模型。在运用 ARMA 模型对采集的振动信号进行数据处理时，首先要对待测信号中的自回归参数与滑动平均参数分别进行分析，再通过最小信息量准则（an information criterion，AIC）对 ARMA 模型定阶。

为了对时间序列中的各序列之间的自相关程度有一个合理的评价标准，本节提出自相关系数（auto-correlation coefficient，ACC），其定义为

$$\gamma_k = \frac{E\left[x_t x_{t+k}\right]}{E\left[x_t^2\right]} = \frac{\sum_{t=1}^{a-k} (x_t - \overline{x})(x_{t+k} - \overline{x})}{\sum_{t=1}^{a} (x_t - \overline{x})^2} \qquad (3\text{-}14)$$

式中，$a$ 是样本量；$k$ 为滞后的数量；$\overline{x}$ 代表样本平均值。由施瓦茨（Schwarz）不等式 $E[xy] \leqslant \sqrt{E[x^2]E[y^2]}$ 知，$[-1,1]$ 是自相关系数 $\gamma_k$ 的取值域。

偏相关系数（partial correlation coefficient，PCC）的定义是指各时间序列直接的相关程度。与自相关的最大区别是，自相关是一个序列中的各段序列的相关程度，偏相关是序列直接的相关程度，其关系式如下：

$$\varphi_{kk} = \begin{cases} \gamma_1 & (k=1) \\ \dfrac{\gamma_k - \sum\limits_{j=1}^{k-1} \varphi_{k-1,j}\gamma_{k-j}}{1 - \sum\limits_{j=1}^{k-1} \varphi_{k-1,j}\gamma_j} & (k \neq 1) \end{cases} \qquad (3\text{-}15)$$

式中，$\varphi_{k-1}$ 为偏相关系数且 $\varphi_{k-1}$ 的取值范围是 $[-1,1]$；$\gamma_j$ 为斜方差系数。

ARMA$(n,m)$ 模型的定阶准则是选取最优参数使待测序列中的信息量最大。序列中信息量的计算准则根据 AIC 来选取，表示如下：

$$\text{AIC}(p) = -2\ln L + 2p \qquad (3\text{-}16)$$

式中，$p=m+n$；$L$ 是时间序列 $\{x_t\}$ 的似然函数，若时间序列 $\{x_t\}$ 平稳且正态，则

$$L = \prod_{t=1}^{N} \frac{1}{\sqrt{2\pi}\sigma_\alpha} \exp\left[-\frac{1}{2\sigma_\alpha^2}(x_t - \hat{\mu}_t)^2\right] \qquad (3\text{-}17)$$

式中，$\hat{\mu}_t$ 是 $t$ 时刻 $\{x_t\}$ 的数学期望估计值，即 $E[x_t]$。设 $x_t - \hat{\mu}_t = \alpha_t$，将其代入式（3-17）并进行连乘计算，则有

$$L = \left(\frac{1}{2\pi\sigma_\alpha^2}\right)^{\frac{N}{2}} \exp\left[-\frac{1}{2\sigma_\alpha^2}\sum_{t=1}^{N}\alpha_t^2\right] \tag{3-18}$$

式中，$\sigma_\alpha^2$ 计算如下：

$$\sigma_\alpha^2 = \frac{1}{N}\sum_{t=1}^{N}\alpha_t^2 \tag{3-19}$$

将式（3-19）代入式（3-18）并对等号两边取自然对数，有

$$\ln L = -\frac{N}{2}\left(\ln 2\pi + \ln \sigma_\alpha^2\right) - \frac{N}{2} \tag{3-20}$$

即

$$-2\ln L = N\ln 2\pi + N\ln \sigma_\alpha^2 + N \tag{3-21}$$

将式（3-21）代入式（3-16），当选定待测数据时，待测序列长度 $N$ 已确定，故式（3-21）的第一项和第三项都为常数，对式（3-21）进行简化得

$$\text{AIC}(p) = N\ln \sigma_\alpha^2 + 2p \tag{3-22}$$

很明显，给定模型参数估计方法，$\text{AIC}(p)$ 是 $p$ 的函数，若 $p$ 增大，则 $\ln \sigma_a^2$ 下降，但后一项 $2p$ 增大，所以，取 $\text{AIC}(p)$ 值最小时的模型阶次 $p$ 为适用模型阶次。

ARMA 模型的阶次确定后要对其中的自回归参数和滑动平均参数进行估计，采用同时序估计理论中的先后估计法，先对自回归参数 $\varphi_i$ 进行估计，然后对滑动平均参数 $\theta_j$ 进行估计。

由 2.1.1 节的相关矩阵 $R_k$ 递推算式可知：当 $k > m$ 时，$R_k$ 的算式中将不含 $\theta_j$，则有

$$R_k = \varphi_1 R_{k-1} + \varphi_2 R_{k-2} + \cdots + \varphi_n R_{k-n} \qquad (k > m) \tag{3-23}$$

当 $k < 0$ 时，由于 $R_k$ 具有偶函数的性质，则有 $R_{-k} = R_k$，令 $k = m+1, m+2, \cdots, m+n$，可得如下矩阵方程：

$$\begin{bmatrix} R_{m+1} \\ R_{m+2} \\ \vdots \\ R_{m+n} \end{bmatrix} = \begin{bmatrix} R_m & R_{m-1} & R_{m-2} & \cdots & R_{m-n+1} \\ R_{m+1} & R_m & R_{m-1} & \cdots & R_{m-n+2} \\ \vdots & \vdots & \vdots & & \vdots \\ R_{m+n-1} & R_{m+n-2} & R_{m+n-3} & \cdots & R_m \end{bmatrix} \begin{bmatrix} \varphi_1 \\ \varphi_2 \\ \vdots \\ \varphi_n \end{bmatrix} \tag{3-24}$$

若对式（3-24）两边均除以 $R_0$，将式（3-24）中的 $R_k$ 化为自回归参数 $\varphi_k$，称此式为修正的尤尔-沃克（Yule-Walker）方程式，简记为

$$\boldsymbol{R}_{\text{A}} = \boldsymbol{R}_{\text{B}}\boldsymbol{\varphi} \tag{3-25}$$

式中，$\boldsymbol{R}_{\text{A}}$ 是矩阵方程左边的 $n$ 维列向量；$\boldsymbol{R}_{\text{B}}$ 是矩阵方程右边的 $n$ 阶方阵；$\boldsymbol{\varphi}$ 是自回归参数组成的 $n$ 维列向量。此矩阵不是特普利茨（Toeplitz）矩阵，但一般存在逆矩阵，故矩阵方程可解，自回归参数的估计值为

$$\boldsymbol{\varphi} = \boldsymbol{R}_{\text{B}}^{-1}\boldsymbol{R}_{\text{A}} \tag{3-26}$$

到此，ARMA 模型的自回归参数 $\varphi_i (i = 1, 2, \cdots, n)$ 已确定。

在 ARMA 模型式（3-13）中，令 $y_t = x_t - \sum_{i=1}^{n}\varphi_i x_{t-i}$，则有

$$y_t = \alpha_t - \sum_{j=1}^{m} \theta_j \alpha_{t-j} \tag{3-27}$$

即

$$\begin{cases} y_t = -\sum_{i=0}^{n} \varphi_i x_{t-i} & (\varphi_0 = -1) \\ y_t = -\sum_{j=0}^{m} \theta_j \alpha_{t-j} & (\theta_0 = -1) \end{cases} \tag{3-28}$$

在式（3-28）中自回归模型的两边同乘以 $y_{t-k}$，并求数学期望，得

$$R_{y,k} = E\left[\sum_{i=0}^{n} \varphi_i x_{t-i} \sum_{j=0}^{n} \varphi_i x_{t-k-j}\right] = \sum_{i=0}^{n} \sum_{j=0}^{n} \varphi_i \varphi_j E\left[x_{t-i} x_{t-k-j}\right] = \sum_{i=0}^{n} \sum_{j=0}^{n} \varphi_i \varphi_j R_{k+j-i} \tag{3-29}$$

式中，$R_{k+j-i}$ 是观测时序 $\{x_t\}$ 的自协方差函数。

$$R_k = \frac{1}{N} \sum_{t=k+1}^{N} x_t x_{t-k} \qquad (k = 0, 1, 2, \cdots, N-1) \tag{3-30}$$

同理，对于式（3-28）中的滑动平均模型有

$$R_{y,k} = E\left[\sum_{i=0}^{m} \theta_i \alpha_{t-i} \sum_{j=0}^{m} \theta_i \alpha_{t-k-j}\right] = \sum_{i=0}^{m} \sum_{j=0}^{m} \theta_i \theta_j \alpha_{t-i} \alpha_{t-k-j} = \sum_{i=0}^{m} \sum_{j=0}^{m} \theta_i \theta_j \sigma_\alpha^2 \delta_{k+j-i} \tag{3-31}$$

即

$$R_{y,k} = \sigma_\alpha^2 \sum_{j=0}^{m} \theta_j \theta_{j+k} \tag{3-32}$$

式（3-32）中的滑动平均模型，自回归部分中的 B 算子多项式为 $\varphi(B)=1$，那么谱密度函数 $S_w(\omega)$ 的计算式为

$$S_w(\omega) = \sigma_\alpha^2 \left.\left|\frac{\theta(B)}{\varphi(B)}\right|^2\right|_{B=\mathrm{e}^{-i\omega\Delta}} = \sigma_\alpha^2 \left.|\theta(B)|^2\right|_{B=\mathrm{e}^{-i\omega\Delta}} \tag{3-33}$$

式中，$\mathrm{e}^{-i\omega\Delta}$ 中的 $i$ 为虚数，$\omega$ 为角频率，$\Delta$ 为时间差；移动平均部分中，$\theta(B)$ 为 B 算子多项式，若滑动平均部分的特征根记为 $\eta_i$，则有

$$S_w(\omega) = \sigma_\alpha^2 \left.\left|\prod_{j=1}^{m}(1-\eta_i B)\right|^2\right|_{B=\mathrm{e}^{-i\omega\Delta}} \tag{3-34}$$

显然，当 $B = 1/\eta_j$ 时，$S_w(\omega) = 0$。

另外，根据谱密度函数的定义，有

$$S_w(\omega) = F[R_{y,k}] = \left.\sum_{k=-\infty}^{\infty} R_{y,k} B^k\right|_{B=\mathrm{e}^{-i\omega\Delta}} \tag{3-35}$$

由式（3-31）可知，由于模型参数 $\theta_j$ 的下标 $j$ 的变化范围只能是 $(0, m)$，当 $j > m$ 时，$\theta_j = 0$，因而 $R_{y,k}$ 的下标 $k$ 的变化范围为 $(0, m)$，否则 $R_{y,k} = 0$。因此，该式中傅里叶变换的求和可写为

$$S_w(\omega) = \sum_{k=0}^{\infty} R_{y,k} B^k \Big|_{B=e^{-i\omega\Delta}} \tag{3-36}$$

式（3-36）应与式（3-34）相等，因此，当 $B = 1/\eta_j$ 时，应有

$$\sum_{k=0}^{m} R_{y,k} \left(\frac{1}{\eta_j}\right)^k = 0 \tag{3-37}$$

即

$$R_{y,0} + R_{y,1}\frac{1}{\eta_j} + R_{y,2}\left(\frac{1}{\eta_j}\right)^2 + \cdots + R_{y,m}\left(\frac{1}{\eta_j}\right)^m = 0 \tag{3-38}$$

式（3-38）是关于 $1/\eta_j$ 的一元 $m$ 次方程，可由此式解得 $m$ 个根 $1/\eta_j (j=1,2,\cdots,m)$。再将 $\eta_j$ 代入多项式，有

$$\theta(B) = \prod_{j=1}^{m}(1-\eta_j B) = 1 - \sum_{j=1}^{m}\theta_j B^j \tag{3-39}$$

比较 B 算子的同次幂系数即可解得 $\theta_j$。

到此，ARMA 模型的滑动平均参数 $\theta_j (j=1,2,\cdots,m)$ 已确定。

ARMA 预测流程如下：

（1）判断预处理序列的平稳性。如果预处理的序列是稳定的，则直接进行均值化处理；如果不是，则先对其进行差分运算使其变为平稳序列；

（2）计算差分后待测序列的自回归参数和滑动平均参数，再次判断平稳性；

（3）运用最小二乘法计算模型的参数值，使用 AIC 准则定阶；

（4）对得到的模型进行检验，并进行合理的优化；

（5）运用优化后的参数建立准确的预测模型。

## 3.2 基于自回归滑动平均模型和多点最少最优反褶积调整的齿轮箱故障诊断

MOMEDA 方法在周期性故障特征提取方面表现出了良好的效果，该算法不需要迭代即可获得最佳滤波器，同时可以提取连续脉冲，但它也有一定的局限性，如噪声对其影响大，在一般工况下对微弱冲击信号的提取不理想。针对 MOMEDA 故障提取方法的这一局限性，参数化 ARMA 模型在描述旋转机械动态特性方面有良好的效果，针对齿轮、轴承的不同工况，ARMA 的自回归参数具有良好的敏感度，在微弱故障诊断及噪声处理方面具有明显的优势。为了减弱噪声对 MOMEDA 滤波器的影响，需要通过 ARMA 滤波器对采集到的振动信号进行滤波处理，从而分离不相关的冲击成分，在此过程中还不能对故障的脉冲信号进行削弱，故需要得到 ARMA 模型的最优参数。

基于 MOMEDA 方法在齿轮箱的故障诊断过程中的局限性，运用本章提出的 ARMA-MOMEDA 方法对齿轮箱的故障进行提取，以此验证所提方法的合理性，提取方

法流程图如图 3-4 所示。

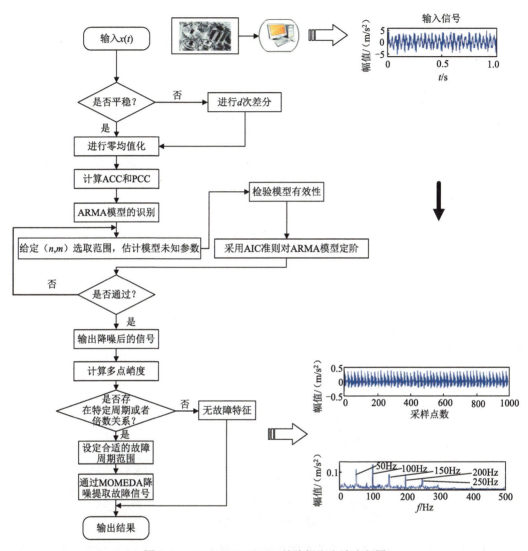

图 3-4　ARMA-MOMEDA 故障提取方法流程图

　　采集的振动信号中包含大量的无关分量，使 MOMEDA 在对故障特征信号检测时有较大干扰，为了能将故障信号中的周期冲击成分与噪声分离，需要使用 ARMA 滤波器对采集到的故障信号进行前期处理，并且 ARMA 滤波器能在过滤噪声的同时有效保留故障脉冲信号的信息，具体步骤如下：

　　（1）检测信号平稳性。首先运用逆序检验法对信号的平稳性进行判断，如果不平稳，则通过 $d$ 次差分使其平稳性增强。

　　（2）利用自相关系数（ACC）与偏相关系数（PCC）图谱对信号平稳性再次判断。

　　（3）给定$(n,m)$的选取范围，并对 ARMA$(n,m)$模型的参数 $\varphi_i$ 和 $\theta_i$ 进行估计。

　　（4）运用 AIC 准则来确定 ARMA$(n,m)$的阶数。

　　（5）运用定阶后的 ARMA 滤波器对信号降噪并使用 MOMEDA 提取故障。

（6）针对多故障诊断，先使用多点峭度理论对 ARMA 降噪后的信号进行故障提取区间划分，对划分的周期依次使用 MOMEDA 滤波器来进行特征提取。

## 3.3 仿 真 验 证

为了验证本章所提方法的有效性与优越性，构造如下信号进行仿真实验。轴承故障振动信号的表现形式通常为周期性的冲击，模型表示见式（3-12），参数设置为 $g = 0.2$、$T_m = 0.025s$、$f_c = 320Hz$，由此可得故障特征频率为 $1/T_m$=40Hz。

图 3-5 所示为仿真信号的时域图。由图可以看到，模拟轴承故障的冲击信号 $x_1(t)$ 被添加的随机噪声淹没，在合成信号 $x_2(t)$ 中观察不到周期性冲击。

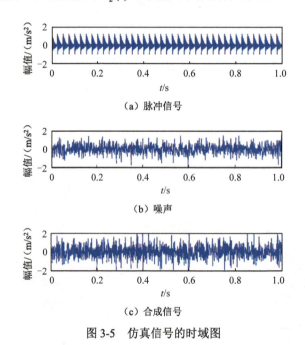

（a）脉冲信号

（b）噪声

（c）合成信号

图 3-5　仿真信号的时域图

为了充分说明 ARMA-MOMEDA 的优越性，将上述仿真信号分别利用 AR 滤波器、ARMA 滤波器、MED 滤波器、AR-MED 滤波器、ARMA-MED 滤波器、ARMA-MOMEDA 滤波器进行处理，并将处理后的结果进行包络分析得到包络谱，使各方法效果得到充分对比。

图 3-6 所示为分别利用各方法进行处理得到的结果。其中，左图为时域图，右图为滤波后经包络分析得到的包络谱。

图 3-6（a）所示为 AR 滤波器处理后的结果。从时域图可以看到，能够对信号进行降噪，部分被淹没的冲击信号出现在时域波形中，但冲击没有明显的周期性。在包络谱中谱线也比较杂乱，分辨不到明显的故障对应的谱线。因此在强噪声环境下，AR 滤波器无法准确地诊断出故障频率。

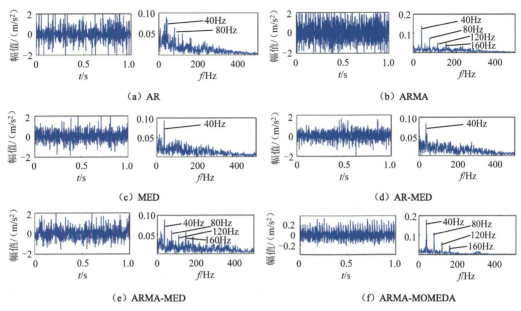

图 3-6　仿真信号经六种方法处理后的结果

图 3-6（b）所示为 ARMA 滤波器处理后的结果。从时域图中可以看到，被噪声淹没的冲击信号出现，而且冲击具有一定的周期性，包络谱中也出现了故障特征频率的谱线。可见 ARMA 滤波器结果优于 AR 滤波器的结果。但从时域图中依然可以观察到大量噪声，周期性冲击不明显。包络谱中虽然出现了故障对应的频率，但出现的谱线较少，故障特征不明显。如果加大噪声，ARMA 滤波器也将检测不到故障信号。

图 3-6（c）所示为 MED 滤波器处理后的结果。在时域图中出现了被噪声淹没的冲击信号，但观察不到周期性，在包络谱中可以观察到故障特征频率，但并无倍频出现，且有大量噪声。可见 MED 滤波器提取的结果优于 AR 滤波器，但不如 ARMA 滤波器的提取结果。

图 3-6（d）为 AR-MED 滤波器处理后的结果。在时域图中出现了被噪声淹没的冲击信号，可以观察到一定的周期性，包络谱中也出现了故障频率。可见 AR-MED 滤波器的提取结果优于 AR 滤波器与 MED 滤波器，AR-MED 滤波器可以改善 AR 滤波器及 MED 滤波器的提取结果。但从时域图中可以看到，降噪后的信号仍然包含大量噪声，周期性冲击并不明显，包络谱中也只出现一条明显的谱线，并无倍频出现。

图 3-6（e）所示为 ARMA-MED 滤波器处理后的结果。从时域图中可以看到，经 ARMA-MED 滤波器滤波后可以提取被噪声淹没的冲击信号，在包络谱中也可以观察到故障特征频率以及二倍频、三倍频，可见其结果优于 AR-MED 滤波器的提取结果。但可以看到包络谱中包含大量的噪声，谱线不明显。

图 3-6（f）所示为 ARMA-MOMEDA 滤波器处理后的结果。从时域图中可以看到，经 ARMA-MOMEDA 滤波器滤波后可以提取被噪声淹没的冲击信号，而且周期性很明显，噪声也小于其他滤波器，在包络谱中可以明显地观察到故障特征频率以及二倍频、三倍频、四倍频，其幅值也比 ARMA-MED 的幅值大，包络谱中的噪声远远小于 ARMA-MED 滤波器的提取结果。

# 3.4 实验验证

为了验证本章所提方法在工程应用上的有效性，采用美国凯斯西储大学轴承数据中心的数据来进行实验验证[50]。图 3-7 所示的实验台主要包括实验齿轮箱、控制台、电机、压电加速度传感器等，电机的功率为 1.49kW。

图 3-7　轴承故障诊断实验台

滚动轴承的故障是通过对轴承内圈用电火花加工出凹槽来实现的。轴承型号为 6205-2RS JEM SKF。实验时，测量电机转速为 1797r/min，振动信号的采样频率为 48000Hz，采样点数为 4096，通过计算可得故障特征频率为 162.4Hz。故障信号的时域图与包络谱图如图 3-8 所示。

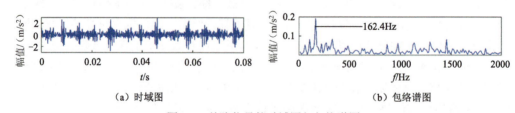

（a）时域图　　　　　　　　　　　（b）包络谱图

图 3-8　故障信号的时域图与包络谱图

从图 3-8（a）中可以看出，采集到的振动信号中包含有故障信号，但是故障信号定位不明显，对该时域信号进行包络谱分析，如图 3-8（b）所示，仅提取出一个尖端脉冲，不能精确地描述故障频率。下面分别采用传统的 MOMEDA 滤波器与本章提出的 ARMA-MOMEDA 滤波器对该振动信号进行处理，对比各方法的效果。

对得到的振动信号用 MOMEDA 方法进行分析，得到的分析结果如图 3-9 所示。从图中可以看出，原信号在经过 MOMEDA 处理后故障特征的提取效果有一定的提升，在包络谱图中能有效提取 2 个冲击脉冲信号，提取的故障特征频率为 162.4Hz 的一倍频、二倍频。

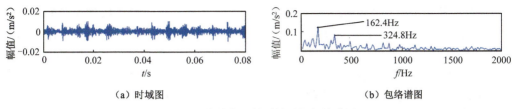

（a）时域图　　　　　　　　　　　　（b）包络谱图

图 3-9　实验信号的时域图与包络谱图

　　将信号采用本章提出的方法进行分析。首先，将采集的振动信号通过 ARMA 滤波器进行一次滤波，滤波后的信号时域图如图 3-10 所示。可以看到，经过 ARMA 滤波器滤波后的信号，其噪声幅值有了直观的下降，且有效地保留了冲击信号。这就使噪声对 MOMEDA 滤波器的影响减弱，使微弱故障的提取更加精确。

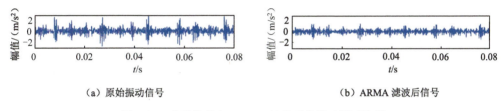

（a）原始振动信号　　　　　　　　　　（b）ARMA 滤波后信号

图 3-10　实验信号与 ARMA 处理后信号时域对比图

　　采用 MOMEDA 方法对经过 ARMA 降噪后的信号进行故障特征提取，提取结果如图 3-11 所示。在经过本章所提方法处理后时域图中振幅更加明显，且采集到的振动信号在经过本章所提方法的处理后在包络谱图中能清晰地突显 5 个冲击脉冲信号，提取的故障特征频率为 162.4Hz 的一倍频至五倍频。

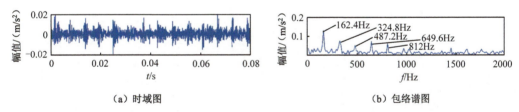

（a）时域图　　　　　　　　　　　　（b）包络谱图

图 3-11　实验信号与通过 ARMA-MOMEDA 处理后的信号时域图与包络谱图

　　与 MOMEDA 方法对比，本章所提方法能以更高的精度提取故障信号，在微弱故障特征提取中有着更好的性能。由此可见，在实际应用中，本章所提方法优于传统的 MOMEDA 方法。

## 3.5　本　章　小　结

　　本章提出了一种 ARMA-MOMEDA 方法，并成功应用到齿轮箱轴承故障诊断中。该方法能够提取齿轮箱中微弱的故障特征，并通过仿真与实验验证了所提方法的有效性。通过仿真与实验，可得到以下结论：

　　MOMEDA 可以对显著故障进行提取，但是其提取效果易受噪声的影响。为了提升

其微弱故障特征提取性能而对其进行改进,在对采集到的振动信号进行处理前先通过
ARMA 对其进行降噪,更好地突出故障特征,之后再通过 MOMEDA 方法对降噪后的
振动信号进行故障特征提取。本章所提方法,最终高精度地提取出齿轮箱中轴承内圈的
故障特征。通过仿真与实验,证实了本章所提方法的有效性与优越性。本章所提方法为
提取微弱故障特征提供了一种新的思路,具有一定的参考价值。

# 第 4 章　自适应稀疏脉冲反褶积算法及其应用

稀疏脉冲反褶积（sparse-spike deconvolution，SSD）是由 Velis[51]在 2008 年提出的一种反褶积算法，该算法在地震监测中是一种非常重要的方法，其抗噪声能力较强。SSD 算法的目的是从一个含有噪声的复杂振动信号中恢复脉冲序列，从而评估周期脉冲位置及脉冲振幅。在此过程中，用自适应线性最小二乘法迭代求出高精度的信号脉冲序列，该序列可以认为是一个高度病态反问题，为解决该问题，须寻找一种方法对该问题进行修正，使修正后的高度病态反问题既能克服问题的不确定性，又能保证其解趋于问题的真实解，此方法即为正则化方法[52-54]。目前，由于 L2 范数正则化方法具有较强的有效性，使其成为求解高度病态反问题的首选方法，但是利用 L2 范数正则化方法不能体现其解的稀疏性。由于使用 L1 范数正则化方法对信号脉冲序列进行稀疏约束时，其结果具有稀疏性，但是 L1 范数正则化参数直接影响解决高度病态反问题的结果。如果将正则化参数的值设置得太小，则使高度病态反问题得不到较好的改善，并且求解的结果依然不稳定；如果将该值设置得太大，得到一个不理想的解，那么使所求的解往往与原问题的解具有严重的偏离，将导致结果不理想。所以，自适应选取合适的 L1 范数正则化参数是非常有必要的。

## 4.1　稀疏脉冲反褶积算法

反褶积算法主要分为线性和非线性两种。传统的线性反褶积仅仅在原始地震记录的有效频带范围内通过增强高低频分量来提高记录的纵向分辨率，但是在含有噪声的情况下，传统的线性反褶积并不能恢复原始地震记录有效频带范围之外的频率成分，从而使其提高分辨率的能力大打折扣。非线性反褶积也称为稀疏脉冲反褶积（SSD），其算法的关键是将正则化约束项（也称稀疏项）引入反褶积系统，使反褶积问题转换为求解非线性目标泛函的过程。稀疏脉冲反褶积（SSD）解决了线性反褶积有限频带限制的问题，能够从有限的地震记录频带范围中恢复全频带的反射系数序列，提高地震记录的分辨率。

### 4.1.1　稀疏脉冲反褶积理论基础

在轴承故障诊断中，传感器采集到的时序为 $N$ 的振动信号模型可以表示为

$$d_t = w_t * r_t + n_t \qquad (t = 1, 2, \cdots, N) \tag{4-1}$$

式中，$d_t$ 表示传感器采集到的振动信号；$w_t$ 表示传递函数；$r_t$ 表示冲击信号；$n_t$ 表示噪声。其中 SSD 的意图就是设计一个滤波器，使得输出结果 $d_t$ 中包含恢复冲击信号 $r_t$。

式（4-1）的矩阵形式为

$$\boldsymbol{d} = \boldsymbol{w} * \boldsymbol{r} + \boldsymbol{n} \tag{4-2}$$

根据式（4-1）求 $r_t$ 可以认为是一个高度病态反问题，具体过程如下。

计算实际输出与期望输出的误差：

$$e_t = \sum_i w_{t-i} r_i - d_t \qquad (i = 1, 2, \cdots, N) \tag{4-3}$$

根据式（4-3）对误差 $e_t$ 进行最小平方约束，保证所求解趋于真实解：

$$J_r = \sum_i \frac{1}{2} e^2 \tag{4-4}$$

定义目标函数 $J$，使求得满足条件的 $r_t$ 时，目标函数 $J$ 最小：

$$J = J_r + \beta J_x \tag{4-5}$$

式中，$J_x$ 为正则化项；$\beta$ 为正则化参数。但是有关 $\beta$ 的选取问题比较困难，为了更好地理解，下面使用模拟仿真信号说明正则化参数对稀疏脉冲反褶积算法的影响，验证优化正则化参数的必要性。当 $\beta$ 选择恰当时，其解具有稀疏性，能够提高结果的稳定性。

本章提出 L1 范数正则化方法对信号脉冲序列进行稀疏约束，使其结果具有稀疏性，提高解的稳定性。

本章所提 L1 范数正则化的模型如下：

$$J_x = \sum_i |r_t| \tag{4-6}$$

新的目标函数可以定义如下：

$$J = \sum_i \frac{1}{2} e^2 + \beta \sum_i |r_t| \tag{4-7}$$

为了求得满足条件的 $r_t$，根据式（4-8）可以使 $J$ 达到最小：

$$\frac{\partial J}{\partial r_i} = \sum_t e_t w_{t-i} + \beta \sum_i \frac{|r_i|}{r_i} = 0 \tag{4-8}$$

由式（4-8）可推导出

$$\sum_t \sum_i \left[ \left( w_{t-i} w_{t-i} + \beta \frac{1}{|r_i|} \right) r_i \right] = \sum_t (w_{t-i} d_t) \tag{4-9}$$

将式（4-9）转换成矩阵形式为

$$(\boldsymbol{R} + \boldsymbol{Q}) \boldsymbol{x} = \boldsymbol{g} \tag{4-10}$$

式中，$\boldsymbol{Q} = \text{diag}(\beta / |r_i|)$；$\boldsymbol{R} = \text{diag}(w_{t-i} w_{t-i})$；$\boldsymbol{g} = \text{diag}(w_{t-i} d_t)$，diag 表示列向量转换成相应的对角矩阵；$\boldsymbol{x}$ 为冲击信号 $r_i$ 列向量。稀疏脉冲反褶积的求解是一个迭代过程，本章使用自适应线性最小二乘法迭代求高精度的信号脉冲序列，当达到期望误差或者自定义的最高迭代次数时，迭代停止。

主要过程如下：

（1）设置 L1 范数正则化的参数 $\beta$；

（2）计算矩阵 $\boldsymbol{R}$ 和 $\boldsymbol{g}$；

（3）利用常规反褶积结果 $x_s$，计算初始矩阵 $\boldsymbol{Q}^{(0)}$：

$$\boldsymbol{Q}^{(0)} = \text{diag}\left( \frac{\beta}{|x_s|} \right) \tag{4-11}$$

（4）根据式（4-12）计算 $\boldsymbol{x}^{(k_1)}$ 和 $\boldsymbol{Q}^{(k_1)}$，其中 $k_1$ 为迭代次数；

$$\begin{cases} \boldsymbol{x}^{(k_1)} = (\boldsymbol{R} + \boldsymbol{Q}^{k_1-1})^{-1}\boldsymbol{g} \\ \boldsymbol{Q}^{(k_1)} = \mathrm{diag}\left(\dfrac{\beta}{|\boldsymbol{x}^{(k_1)}|}\right) \end{cases} \tag{4-12}$$

当迭代次数 $k_1$ 达到所设置的最大迭代次数时，停止迭代。

### 4.1.2　仿真信号分析

在强噪声背景干扰下，为了验证 SSD 算法能够很好地消除强噪声带来的干扰，从而提高早期微弱故障信号提取的准确性，首先需要对 SSD 算法进行改进。本章在 SSD 算法中选用 L1 范数正则化方法对信号脉冲序列进行稀疏约束，但是 L1 范数正则化参数的选择对 SSD 降噪效果具有一定的影响。如果将正则化参数的值设置得太小，则将使 SSD 算法的降噪效果得不到较好的改善；如果将该值设置得太大，则将使其结果的稀疏性增强，将有效的信号滤除，也得不到一个理想的降噪效果，这使 SSD 算法所求的解往往与理想的解具有严重的偏差，从而使该算法降噪效果不理想。因此，为了预防上述缺陷的发生，L1 范数正则化参数应该取最优值。为了验证 L1 范数正则化参数对 SSD 算法处理信号的影响，本节采用 $x(t)$ 仿真信号进行分析：

$$x(t) = x_1(t) + x_2(t) + x_3(t) \tag{4-13}$$

式中，组成信号 $x_1(t) = 2\sin(2\pi f_1 t)$ 为正弦信号；组成信号 $x_2(t) = A_m \times \exp(g/T_m)\sin(2\pi f_c t)$ 为周期性冲击信号，$A_m$ 为冲击信号的幅值，$g$ 为阻尼系数，$T_m$ 为冲击的周期，$f_c$ 为轴承的故障频率；组成信号 $x_3(t)$ 为信噪比为 $-6.4\mathrm{dB}$ 的噪声信号。

仿真信号的时域图如图 4-1 所示。

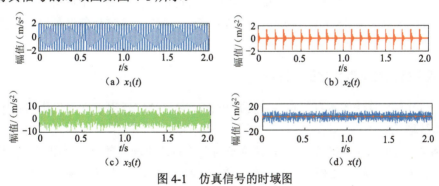

图 4-1　仿真信号的时域图

当正则化参数 $k=5$ 时，SSD 处理仿真信号的时域图如图 4-2（a）所示。
当正则化参数 $k=15$ 时，SSD 处理仿真信号的时域图如图 4-2（b）所示。

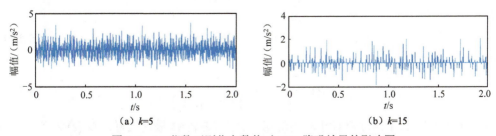

图 4-2　L1 范数正则化参数值对 SSD 降噪效果的影响图

由图 4-1 和图 4-2 可知，含有强噪声的仿真信号经过 SSD 算法处理后出现了脉冲谱线，并且具有稀疏性。说明 SSD 算法在强噪声环境下确实具有降噪效果，且降噪效果明显。同时可知，在强噪声环境下，L1 范数正则化参数的值越大，对 SSD 算法降噪效果有明显的影响，所以对 SSD 算法中 L1 范数正则化参数的自适应确定尤为重要。

## 4.2 基于量子行为粒子群优化算法的自适应 SSD 算法研究

由 4.1 节可知，由于 SSD 算法在强噪声背景干扰下，能够很好地消除强噪声带来的干扰，同时增强信号的稀疏性，从而提高有效信号提取的准确性。然而 L1 范数正则化参数的选择对 SSD 降噪效果具有一定的影响。因此，为了预防上述缺陷的发生，应当自适应选取合适的 L1 范数正则化参数。近年来，智能算法不断发展，并且在参数优化方面得到了广泛的应用。其中，量子行为粒子群优化（quantum-behaved particle swarm optimization，QPSO）算法是在粒子群优化（particle swarm optimization，PSO）算法的基础上受到量子力学的启示而提出的一种新颖的智能算法，它在许多优化问题中表现出比 PSO 算法更好的全局搜索能力[54-56]。有学者对 QPSO 算法进行了研究，如 Li 等[57]提出了基于支持向量回归和量子行为粒子群算法的大气污染物浓度的预测，验证了与 PSO 算法相比，QPSO 算法在参数选择过程中得到了更有效的测试，并且提高了全局搜索能力和鲁棒性。本节利用 QPSO 算法对 SSD 算法中的 L1 范数正则化参数进行迭代优化，得到最优 L1 范数正则化参数，使 SSD 算法具有自适应性，即自适应稀疏脉冲反褶积（adaptive sparse-spike deconvolution，ASSD）算法。同时，ASSD 算法的降噪效果得到明显的改善。

### 4.2.1 量子行为粒子群优化算法理论

鉴于 QPSO 算法的本身优点，自提出以来，它已被广泛用于许多优化问题中[58]。QPSO 算法理论如下：

在 $N$ 维空间中，QPSO 算法是通过粒子的飞行轨迹逐渐收敛至其吸引子，使其算法收敛。若群体中粒子规模为 $M$，每个粒子为 $N$ 维，则第 $i$ 个粒子的吸引子为 $p_i = (p_{i,1}, p_{i,2}, \cdots, p_{i,N})$，引导粒子进行收敛，其表示如下：

$$p_{i,j}(t) = \frac{c_1 \cdot r_{1,i,j}(t) \cdot p_{i,j}(t) + c_2 \cdot r_{2,i,j}(t) \cdot G_j(t)}{c_1 \cdot r_{1,i,j}(t) + c_2 \cdot r_{2,i,j}(t)} \qquad (4\text{-}14)$$

或者

$$p_{i,j}(t) = \varphi_{i,j}(t) \cdot p_{i,j}(t) + [1 - \varphi_{i,j}(t)] \cdot G_j(t) \qquad (4\text{-}15)$$

其中

$$\varphi_{i,j}(t) = \frac{c_1 \cdot r_{1,i,j}(t)}{c_1 \cdot r_{1,i,j}(t) + c_2 \cdot r_{2,i,j}(t)} \qquad (4\text{-}16)$$

式中，$p_{i,j}(t)$ 为第 $t$ 代第 $j$ 维粒子群中的第 $i$ 个粒子的个体最优位置；$G_j(t)$ 为粒子群最佳位置；$c_1$ 为个体学习系数；$c_2$ 为全局学习系数；$r_{1,i,j}(t)$ 与 $r_{2,i,j}(t)$ 为随机数。当 $c_1 = c_2$ 时，$\varphi_{i,j}(t)$ 是独立均匀分布于区间$(0,1)$上的随机数。因此，式（4-15）可以转换为

$$p_{i,j}(t) = \varphi_{i,j}(t) \cdot p_{i,j}(t) + \left[1 - \varphi_{i,j}(t)\right] \cdot G_j(t), \quad \varphi_{i,j}(t) \sim U(0,1) \tag{4-17}$$

由式（4-17）可知，QPSO 算法具有收敛性。

在量子空间中，粒子的位置与速度不能同时确定，所以需要在 $p_i$ 点建立一个吸引势，从而建立粒子群势阱模型，并且用一个波函数$\psi(x,t)$表示粒子的状态，由参考文献[59]可知，波函数可以表示为

$$\psi(Y) = \frac{1}{\sqrt{L}} e^{-2|Y|/L} \tag{4-18}$$

粒子的概率密度函数$Q(Y)$表示为

$$Q(Y) = |\psi(Y)|^2 = \frac{1}{L} e^{-2|Y|/L} \tag{4-19}$$

式中，$Y$ 为当前粒子与最优粒子的平方差；$L = 1/\beta = h^2/m\gamma$ 是粒子群势阱的特征长度，$m$ 为粒子的质量，$h$ 为普朗克常数，$\gamma$ 为角频率，与势阱的具体形状相关。

粒子的概率分布函数$F(Y)$表示为

$$F(Y) = 1 - e^{-2|Y|/L} \tag{4-20}$$

为了描述 QPSO 算法中粒子在搜索空间中的精确位置，利用蒙特卡罗（Monte Carlo）随机模拟方程式测得粒子位置。粒子在势阱作用下以 $p$ 点为中心进行运动，其位置方程表达式为

$$x = p \pm \frac{L}{2} \cdot \ln\frac{1}{u} \tag{4-21}$$

式中，$u$ 为区间$(0,1)$上的均匀分布随机数。式（4-21）为 QPSO 算法的基本进化方程。

为粒子构建以吸引子 $p_{i,j}$ 为中心的势阱，根据式（4-22）可知粒子 $i$ 对应的波函数为

$$\psi\left(x_{i,j}(t+1)\right) = \frac{1}{\sqrt{L_{i,j}(t)}} \exp\left[\frac{-\left|x_{i,j}(t+1) - p_{i,j}(t)\right|}{L_{i,j}(t)}\right] \tag{4-22}$$

粒子 $i$ 对应的概率密度函数为

$$Q\left(x_{i,j}(t+1)\right) = \left|\psi\left(x_{i,j}(t+1)\right)\right|^2 = \frac{1}{\sqrt{L_{i,j}(t)}} \exp\left[\frac{-2\left|x_{i,j}(t+1) - p_{i,j}(t)\right|}{L_{i,j}(t)}\right] \tag{4-23}$$

粒子 $i$ 对应的概率分布函数为

$$F\left(x_{i,j}(t+1)\right) = 1 - \exp\left[\frac{-2\left|x_{i,j}(t+1) - p_{i,j}(t)\right|}{L_{i,j}(t)}\right] \tag{4-24}$$

根据式（4-21）可知，粒子 $i$ 的第 $j$ 代的进化方程为

$$x_{i,j}(t+1) = p_{i,j}(t) \pm \frac{L_{i,j}(t) u_{i,j}}{2\ln} \tag{4-25}$$

根据式（4-25）可知，要使粒子群各粒子收敛于吸引子 $p_i$，则必须对 $L_{i,j}(t)$ 进行控制，使其收敛于 0。可通过式（4-26）评价 $L_{i,j}(t)$：

$$L_{i,j}(t) = 2a\left|C_j(t) - x_{i,j}(t)\right| \tag{4-26}$$

式中，$a$ 为收缩扩张系数；$C_j(t)$ 是为了算法能够更好地收敛至全局最优值而引入的平均个体最优位置，表示如下：

$$C_j(t)=\left[C_1(t),C_2(t),\cdots,C_N(t)\right]=\left[\cfrac{1}{M\sum\limits_{i=1}^{M}p_{i,1}(t)},\cfrac{1}{M\sum\limits_{i=2}^{M}p_{i,2}(t)},\cdots,\cfrac{1}{M\sum\limits_{i=N}^{M}p_{i,N}(t)}\right] \tag{4-27}$$

式中，$M$、$N$ 分别为 $i$、$j$ 的取值极限，则粒子的进化方程为

$$x_{i,j}(t+1)=p_{i,j}(t)\pm a\left|C_j(t)-x_{i,j}(t)\right|\ln\cfrac{1}{u_{i,j}} \tag{4-28}$$

### 4.2.2　量子行为粒子群优化算法对 L1 范数正则化参数的优化

本章选用包络谱熵作为 QPSO 算法优化 L1 范数正则化参数的适应度函数。包络谱熵的理论如下：

当滚动轴承存在故障时，轴承在工作过程中产生的力引起复杂的调制信号，希尔伯特（Hilbert）变换的包络解调分析对该复杂信号的分析具有一定的适应性。

信号 $x(t)$ 的 Hilbert 变换 $h(t)=H(x(t))$ 定义为

$$h(t)=\cfrac{1}{\pi\displaystyle\int_{-\infty}^{+\infty}x(\tau)/(t-\tau)}\mathrm{d}\tau \tag{4-29}$$

$x(t)$ 和 $h(t)$ 构成新的信号为

$$Z(t)=x(t)+jh(t) \tag{4-30}$$

包络信号可以表示为

$$E(t)=\left|Z(t)\right|=\sqrt{x^2(t)+h^2(t)} \tag{4-31}$$

对包络信号进行快速傅里叶变换，将包络谱与信息熵结合，得到包络谱熵为

$$\begin{cases}H_{\mathrm{e}}=-\displaystyle\sum_{i=1}^{N}p_i\cdot\ln p_i\\p_i=\cfrac{\mathrm{HX}(i)}{\displaystyle\sum_{j=1}^{N}\mathrm{HX}(j)}\\\displaystyle\sum_{i=1}^{N}p_i=1\end{cases} \tag{4-32}$$

式中，$\mathrm{HX}(i)$ 表示包络谱；$H_{\mathrm{e}}$ 表示包络谱熵。

最后将包络谱熵归一化处理，得

$$H_{\mathrm{e}}=-\cfrac{1}{\ln N\displaystyle\sum_{i=1}^{N}p_i}\ln p_i \tag{4-33}$$

包络谱熵反映了包络信号的频率分布均匀程度，即包络谱熵值越小，频率分布越均匀。因此，为了使降噪后的信号突出更多有效的连续性周期，包络谱熵越小越好。

QPSO 算法优化 L1 范数正则化参数的实现过程如下：

（1）确定 QPSO 算法中各个参数的值；

（2）设 $t=0$，并将 QPSO 算法中的各粒子进行初始化；

（3）依据式（4-27），计算量子行为粒子群的 $C_j(t)$；

（4）计算 QPSO 算法中微粒的适应度值，通过与前面计算的粒子适应度值比较，不断更新粒子的个体最优位置；

（5）计算粒子群的全局最优位置，并且与前面的全局最优位置比较，不断更新粒子的个体最优位置；

（6）依据式（4-17）可以得到粒子群中粒子的随机位置；

（7）根据式（4-28）更新粒子的最新位置；

（8）若迭代次数达到最大，同时适应度值达到最小，则结束程序；若迭代次数没有达到最大，同时适应度值没有达到最小，则 $t=t+1$，并返回步骤（3），直到满足条件。

QPSO 算法优化 L1 范数正则化参数流程图如图 4-3 所示。

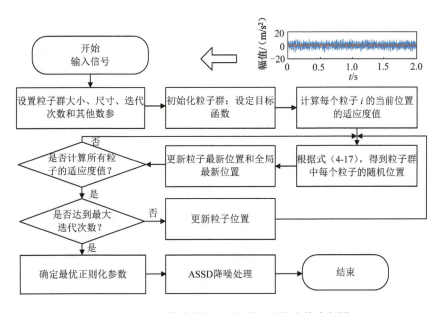

图 4-3　QPSO 算法优化 L1 范数正则化参数流程图

## 4.3　仿真信号分析

为了验证利用 QPSQ 算法以后 SSD 算法的降噪性能，即自适应稀疏脉冲反褶积（ASSD）算法的降噪性能，使用与 4.1.2 节相同的仿真信号对 ASSD 算法的性能进行验证，同时与 MCKD 进行对比，进一步说明 ASSD 的降噪效果。

仿真信号的时域图如图 4-1 所示。可以看到，在合成信号 $x(t)$ 中，信号谱线没有规律，观察不到周期性脉冲信号，并且噪声的幅值大于脉冲信号的幅值，脉冲信号被噪声完全淹没。由参考文献[53]可知，QPSO 算法参数设置如下：粒子群大小为 30，迭代次数为 50，迭代收敛图如图 4-4 所示。

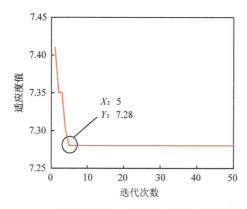

图 4-4　QPSO 算法优化 L1 范数正则化参数迭代收敛图

由于包络谱熵的特性，本章用包络谱熵作为 QPSO 算法的适应度函数。为了使降噪后的信号突出更多有效的连续性周期，包络谱熵越小越好。由图 4-4 可知，适应度函数的最小值在第 5 代出现，其适应度值为 7.28，则对应的稀疏脉冲反褶积的 L1 范数正则化最优参数为 8.52。设置 SSD 算法中 L1 范数正则化参数为 8.52，使用 ASSD 算法对仿真信号进行降噪处理，同时与 MCKD 处理仿真信号的结果进行对比。

利用 ASSD 算法处理仿真信号时，得到的结果如图 4-5 所示。图 4-5（a）所示为 ASSD 算法降噪后的时域图，可以看出 ASSD 算法处理仿真信号稀疏性较强且降噪效果较明显；图 4-5（b）所示为对应的包络谱，从包络谱中可以明显看出故障频率 10Hz 及其倍频非常明显。

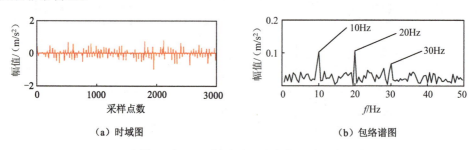

（a）时域图　　　　　　　　　　　（b）包络谱图

图 4-5　ASSD 算法处理仿真信号结果图

根据参考文献[59]，设置 MCKD 的参数，利用 MCKD 处理仿真信号结果如图 4-6 所示。图 4-6（a）所示为 MCKD 处理仿真信号后的时域图，可以看出，时域图中并没有周期性冲击信号出现，只显示出一个脉冲信号。同时，时域波形杂乱无章，依然存在大量的噪声。图 4-6（b）所示为对应的包络谱图，可以看到，出现了频率 20.34Hz，并没有出现故障频率 10Hz，同时周围布满了无用的噪声谱线，无法准确提取故障频率。因此，在强噪环境下，MCKD 对信号降噪效果没有 ASSD 明显。显然，本章提出的 ASSD 算法在处理信号时明显优于 MCKD。

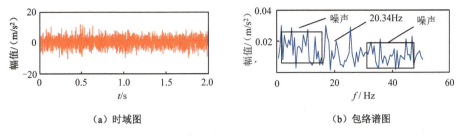

（a）时域图　　　　　　　　　　（b）包络谱图

图 4-6　MCKD 处理仿真信号结果图

## 4.4　滚动轴承故障实验信号分析

为了验证 ASSD 算法在工程应用上的可行性、优越性及降噪性能，本章选用西安交通大学长兴苏扬科技有限公司提供的实验数据进行分析[60]。实验所用轴承型号为 LDK UER204，其参数如下：轴承节圆直径为 34.55mm，滚动体直径为 7.92mm，滚动体个数为 8，转轴转速为 2400r/min，采样点为 4096，采样频率为 25600Hz，经过计算可知，内圈故障特征频率为 123.2Hz。如图 4-7 所示，滚动轴承实验台由交流感应电动机、电动机转速控制器、转轴、两个支承轴承（重型滚子轴承）、液压加载系统等组成。

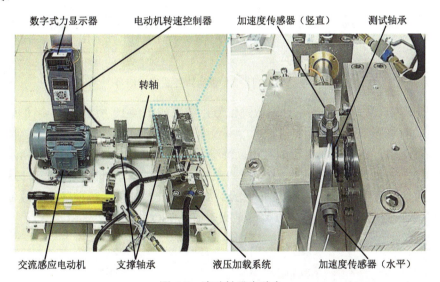

图 4-7　滚动轴承实验台

滚动轴承外圈故障信号如图 4-8 所示。从图中可以看到，时域图中信号谱线杂乱无章，噪声的幅值大于外圈故障信号的幅值，无法直接提取外圈故障特征，且其对应的包络谱中出现了故障频率 123.2Hz（近似频率 125Hz），但是周围出现了 206Hz 的噪声谱线，具有较强的干扰性，无法准确地确定其故障频率，所以还需要进一步降噪处理。

本实验利用量子行为粒子群优化（QPSO）算法搜索稀疏脉冲反褶积（SSD）算法中 L1 范数正则化参数。参数设置如下：粒子规模为 30，迭代次数为 50。将实验信号使用 QPSO 算法进行迭代优化，优化后的稀疏脉冲反褶积算法中 L1 正则化参数为 7.8239。设置该算法中 L1 正则化参数为 7.8239，利用 ASSD 算法对实验信号进行处理。

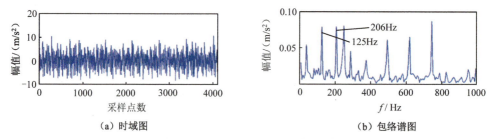

图 4-8　滚动轴承外圈故障信号

利用 ASSD 处理滚动轴承外圈故障信号，结果如图 4-9 所示。图 4-9（a）所示为降噪后的时域图，可以看出，ASSD 处理的实验故障信号具有很强的稀疏性，降噪效果明显。图 4-9（b）所示为对应的包络谱图，从图中可以明显看出故障频率为 123.2Hz，同时故障频率非常明显。

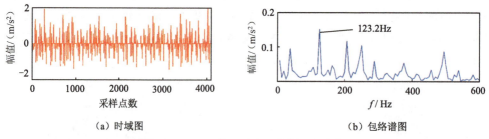

图 4-9　ASSD 降噪后滚动体外圈故障信号

利用 MCKD 处理滚动轴承外圈故障信号，结果如图 4-10 所示。图 4-10（a）所示为处理后的时域图，可以看出，时域图中并没有明显的周期性冲击信号出现。同时，时域波形杂乱无章，依然存在大量的噪声，降噪效果不够明显。图 4-10（b）所示为对应的包络谱图，可以看到，出现了故障频率 131Hz，与滚动轴承外圈故障频率 123.2Hz 相差较远，并且没有出现其对应的倍频。因此，MCKD 处理结果无法准确提取故障信号频率。所以，在强噪环境下，MCKD 降噪效果没有 ASSD 降噪效果优越。

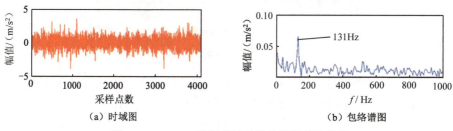

图 4-10　MCKD 降噪后滚动轴承外圈故障信号

# 4.5　本 章 小 结

　　本章对稀疏脉冲反褶积（SSD）算法的缺陷进行了改进，使算法具有自适应性。

　　由于 SSD 算法中 L1 范数正则化方法对信号脉冲序列进行稀疏约束，使其结果具有稀疏性，考虑 L1 范数正则化参数不具有自适应性，影响 SSD 算法对故障信号的降噪处理，本章提出了量子行为粒子群优化（QPSO）算法自适应地确定最优 L1 范数正则化参数，使 SSD 算法具有自适应性，即自适应稀疏脉冲反褶积（ASSD）。使用仿真信号以及实验信号进行分析，并且与不同算法进行比较，验证 ASSD 算法的有效性和可靠性。

# 第5章 优化的奇异谱分解方法

本章主要介绍如何采用经验模态分解（empirical mode decomposition，EMD）、集合经验模态分解(ensemble empirical mode decomposition，EEMD)、变分模态分解（variational mode decomposition，VMD）、奇异谱分解（SSD）方法处理构造的仿真信号。经过分析可知，EMD 适用范围广泛，自适应性较强，能将非平稳信号分解为有限个本征模态函数 IMFs，但其存在模态混叠和端点效应；EEMD 利用辅助白噪声的随机性，多次向原始信号中添加均值为零的白噪声，起到均化原始信号中噪声的效果，但其噪声添加次数以及噪声幅值需要人为设置，存在误差，当前没有能够自适应地确定白噪声幅值的公式；VMD 将原始信号分解为具有单一频率的本征模态函数，该方法局限于分解层数和惩罚因子的选择上，到目前为止仍然没有一种合适的方法自适应地确定这两个参数。SSD 方法抑制伪分量与模态混叠能力强，但其在强噪声环境下提取微弱信号困难，且 SSD 方法使用归一化均方误差作为分解的停止准则，存在过分解现象。针对 SSD 方法的不足，本章采用累计方差贡献率作为分解停止准则优化 SSD 方法。

## 5.1 奇异谱分解原理

为克服奇异谱分析（singular spectrum analysis，SSA）方法按经验选取嵌入维数不具有自适应性的问题，SSD 方法通过将单分量信号依次从高频至低频自适应重构，为非线性、非平稳时间序列信号分析提供一种新的解决方案。SSD 方法通过构建一种新型的轨迹矩阵，增强原始信号中的振荡成分，同时将非线性、非平稳信号按照从高频到低频的顺序依次分解为一系列奇异谱分量和一个残余分量，其具体分解过程如下：

1）构建轨迹矩阵

给定时间序列信号 $x(n)$ ，设信号长度为 $N$、嵌入维度为 $M$，生成一个 $M \times N$ 矩阵 $X$，矩阵的第 $i$ 行表示为 $x_{T_i} = \left[ x(i), x(i+1), \cdots, x(N), x(1), \cdots, x(i-1) \right] (i=1,2,\cdots,M)$ ，即 $X = \left[ x_{T_1}, x_{T_2}, \cdots, x_{T_M} \right]^{\mathrm{T}}$。例如，时间序列 $x(n) = \{a,b,c,d,e\}$ ，嵌入维度设定为 3，相应的矩阵 $X$ 表示如下：

$$X = \begin{bmatrix} a & b & c & d & e \\ b & c & d & e & a \\ c & d & e & a & b \end{bmatrix} \tag{5-1}$$

矩阵左侧三列（竖线左边）对应 SSA 方法中的轨迹矩阵。为了使原始振动信号中的振荡成分增加，并使迭代后分量的能量逐渐减弱，构建一个新的矩阵表达式，其结果如下：

$$X = \begin{bmatrix} & & a & & \\ & a & b & & \\ a & b & c & d & e \\ b & c & d & e & * \\ c & d & e & * & * \end{bmatrix} \tag{5-2}$$

2）嵌入维度的自适应选择

针对 SSA 方法主要依赖经验选取其嵌入维度构建轨迹矩阵，影响信号分析结果。SSD 方法使用自适应法则选取第 $j$ 次迭代使用的嵌入维度 $M$，首先计算第 $j$ 次迭代获得的残余分量 $v_j(n)$ 的功率谱密度（PSD）函数，其中残余分量 $v_j(n)$ 的表达式为

$$v_j(n) = x(n) - \sum_{k=1}^{j-1} v_k(n) \big(v_0(n) = x(n)\big) \tag{5-3}$$

式中，$v_0(n) = x(n)$ 表示初始残余分量等于时间序列信号。

估计 PSD 中最大峰值对应的频率 $f_{\max}$。在第一次迭代中，若归一化频率 $f_{\max}/F_s$（$F_s$ 为信号的采样频率）小于给定阈值（设定为 $10^{-3}$），表明残余分量被视为相当大的趋势项，此时嵌入维度 $M=N/3$；否则，当迭代次数 $j>1$ 时，设置嵌入维度 $M=1.2 \times F_s/f_{\max}$，从而提高 SSA 的分析结果。

3）重构分量序列

重构第 $j$ 个分量序列 $g^{(j)}(n)$，按如下步骤进行：在第一次迭代中，如果已经检测到特别大的趋势，则仅使用第一右特征向量来获得 $g^{(1)}(n)$，使 $X_1 = \sigma_1 u_1 v_1^{\mathrm{T}}$（$\sigma_1$ 和 $v_1^{\mathrm{T}}$ 表示正交矩阵，$u_1$ 表示对角矩阵，通过 SVD 分解得到的中间过程），并且 $g^{(1)}(n)$ 从 $X_1$ 的对角平均中获取。否则，对于第 $j(j>1)$ 次迭代次数，选取左特征向量在 $[f_{\max} - \delta_f, f_{\max} + \delta_f]$ 频谱范围内具有突出主频率的对主峰能量贡献最大的特征组创建子集 $I_j$（$I_j = \{i_1, i_2, \cdots, i_p\}$），然后通过矩阵 $X_{Ij} = X_{i1} + X_{i2} + \cdots + X_{ip}$ 沿着对角线的平均值重构相应的分量序列。其中，$\delta_f$ 表示残余分量 $v_j(n)$ 的 PSD 中主峰宽度的一半，需要从 $v_j(n)$ 的 PSD 中估计出来。

4）迭代停止

每次迭代估计获得一个新的分量序列 $\tilde{g}^j(n)$ 和新的残差项 $v_{(j+1)}(n) = v_{(j)}(n) - \tilde{g}^j(n)$，其中 $v_{(j+1)}(n)$ 表示下次($j+1$)迭代的输入，残差与原始信号的归一化均方误差（normalized mean squared error，NMSE）为

$$\mathrm{NMSE}^{(j)} = \frac{\sum_{i=1}^{N} \big(v_{(j+1)}(i)\big)^2}{\sum_{i=1}^{N} \big(x(i)\big)^2} \tag{5-4}$$

当 NMSE 小于给定阈值（th=1%）时，信号分解过程终止；否则，继续迭代分解过程直至满足迭代停止条件。最终的分解结果如下：

$$x(n) = \sum_{k=1}^{m} \tilde{g}^{(k)}(n) + v_{(j+1)}(n) \tag{5-5}$$

式中，$k$ 表示分量序列的序号；$m$ 表示 SSD 信号的个数。

## 5.2 停 止 准 则

分解停止准则的选取直接影响 SSD 方法的结果，若终止条件太苛刻，则会将频率相同的信号分解在不同的 SSC 分量中，使信号能量减弱，幅值不明显，干扰目标信号的获取；若终止条件宽松，则将导致分解不够细致，目标信号被淹没于噪声中，无法寻找信号的变化规律。SSD 方法使用归一化均方误差（NMSE）作为分解停止的评判标准，在分解中存在过分解现象。因此本章使用累计方差贡献率对分解停止时机进行判定。

方差贡献率及累计方差贡献率是衡量信号分解停止的重要指标。在改进的 SSD 方法中，定义第 $i$ 个 SSC 分量方差贡献率为

$$\text{Contr}_i = \frac{\sigma(\text{ssc}_i)}{\sum_{i=1}^{n}\sigma(\text{ssc}_i) + \sigma(r_n)} \times 100\% \qquad (5\text{-}6)$$

式中，$\sigma(\bullet)$ 为信号方差；$r_n$ 为残余分量。$\text{Contr}_i$ 值越大，说明第 $i$ 个 SSC 分量所含信息量越多，累计方差贡献率（cumulative percent variance，CPV）为前 $k$ 个本征模态函数（IMFs）的方差贡献率之和。实际应用时需要大于期望阈值，从而可以更好地反映变量波动，即

$$\text{CPV}(k) = \sum_{i=1}^{k}\text{Contr}_i = \sum_{i=1}^{k}\frac{\sigma(\text{ssc}_i)}{\sum_{i=1}^{n}\sigma(\text{ssc}_i) + \sigma(r_n)} \times 100\% \geqslant \text{CL} \qquad (5\text{-}7)$$

式中，CL 为期望阈值。

由各 SSC 分量之间的近似正交性可知，每个 SSC 分量携带信息量的大小可用方差贡献率衡量。求得 SSD 信号后获得的分量 $\text{SSC}_1,\text{SSC}_2,\cdots,\text{SSC}_n$ 及残余分量 $r_n$ 的方差贡献率。当残余分量方差贡献率小于期望阈值时停止分解，或分量方差贡献率小于 $4\times10^{-3}$ 时停止分解。因此，本节采用两个分解停止准则：当累计方差贡献率大于设定的阈值时，整个分解过程停止；当残余分量变成单调函数或为常数不能再分解出 SSC 分量时，整个分解过程停止。

## 5.3 仿 真 验 证

为了验证本章所提方法的有效性与优越性，构造如下信号进行仿真实验，并采用不同的分解方法进行对比验证。

### 5.3.1 齿轮故障信号仿真

由于齿轮箱发生故障时其信号通常以调制信号和冲击信号的形式出现，因此构造的仿真信号中通常包含冲击信号、调制信号和噪声，其数学模型表示如下：

$$\begin{cases} x_1(t) = \sin(2\pi f_1 t) \\ x_2(t) = A_{\mathrm{m}} \times \exp\left(-\dfrac{g}{T_{\mathrm{m}}}\right)\sin(2\pi f_c t) \\ x_3(t) = \left(1 + \cos(2\pi f_{n1} t)\right)\sin(2\pi f_z t) \\ x(t) = x_1(t) + x_2(t) + x_3(t) \\ X(t) = x(t) + \mathrm{noise}(\mathrm{size}(x(t))) \end{cases} \tag{5-8}$$

式中，$x_1(t)$ 为正弦信号，模拟周期干扰信号；$x_2(t)$ 为周期性冲击信号，模拟轴承的故障信号；$A_{\mathrm{m}}$ 是轴承故障信号的幅值；$g$ 为阻尼系数；$T_{\mathrm{m}}$ 为冲击周期；$f_c$ 为轴承的故障频率；$x_3(t)$ 为含有一个调制源的齿轮故障仿真信号；$f_{n1}$ 为调制源的调制频率；$f_z$ 为齿轮的啮合频率；$X(t)$ 为含有噪声的复合故障（仿真）信号。参数设置如下：$f_1$=40Hz，$A_{\mathrm{m}}$=1.5m/s$^2$，$g$=0.05，$T_{\mathrm{m}}$=0.05s，$f_c$=220Hz，$f_{n1}$=10Hz，$f_z$=150Hz，采样点数为 1024，采样频率为 2048Hz，对应仿真信号的时域图如图 5-1 所示。

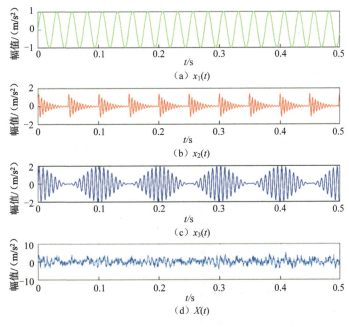

图 5-1　仿真信号时域图

## 5.3.2　不同分解方法对比

　　为了体现 SSD 方法具有更高的分解精度且能够更好地抑制模态混叠，本章采用互补集合经验模态分解（complete ensemble empirical mode decomposition，CEEMD）方法对上述仿真信号进行处理，结果如图 5-2 所示。由于 CEEMD 方法是通过向 EMD 方法中添加一对正负白噪声来减弱噪声对 EMD 分解结果的影响，因此不可避免地存在 EMD 方法的不足。从频域图中可以明显地观察到，信号存在模态混叠现象，如相近的本征模态函数 IMF2 和 IMF3、IMF4 和 IMF5 波形混叠，相互影响，能量被分解在不同的时间尺度中，造成信号不明显，难以辨认，为故障信号的提取带来挑战。

采用传统 SSD 方法分解上述仿真信号后得到如图 5-3 所示的结果。由图可知，信号被分解为 11 层，每一个 SSC 分量都有不同的振幅和频率，且分解结果按照从高频到低频的顺序排列。对比图 5-2 和图 5-3 可知，SSD 方法中不存在模态混叠现象，然而其自

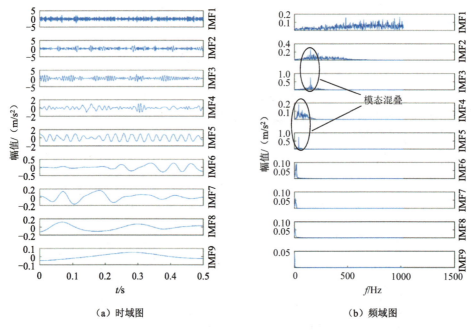

（a）时域图  （b）频域图

图 5-2  CEEMD 方法分解信号的时域图与频域图

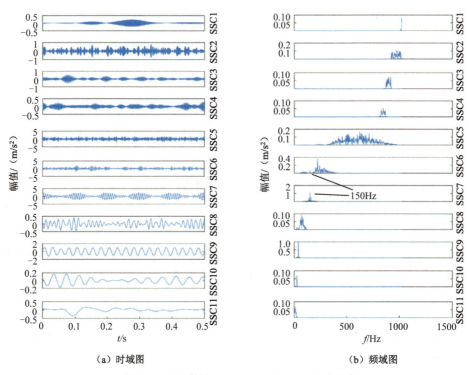

（a）时域图  （b）频域图

图 5-3  SSD 算法分解信号的时域图与频域图

身依然存在一些不足。例如，SSD 信号提取微弱故障信号比较困难，限制了其在早期故障信号提取中的应用；强噪声中通常包含大量冗余噪声，因此在处理强噪声时需要对信号进行滤波处理。

从图 5-3（b）可以观察到，SSC6 中包含少量频率为 150Hz 的信号，SSC7 中包含大量频率为 150Hz 信号，信号被分解在不同的分量中造成信号能量减弱，此为传统 SSD 方法根据残差与原始信号的归一化均方误差作为停止准则存在的过分解现象。根据本章所提的方法，使用两个分解停止判断标准，得到图 5-4 所示的分解结果。从图中可以观察到，优化的 SSD 方法将上述仿真信号分解为 7 层，信号能量更集中，与传统 SSD 方法对比，该停止准则更合理。然而从图中可以观察到，分量信号 SSC1、SSC2 中依然存在高频噪声的干扰，因此本章采用第 2 章节提出的 AWF-STFT 滤波器优化方法对信号进行预处理，获得最佳噪声评估函数，并使用该方法获取评估噪声的最佳结果。

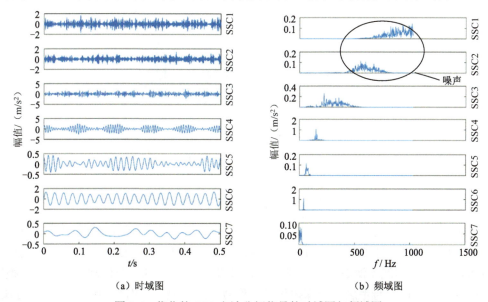

（a）时域图　　　　　　　（b）频域图

图 5-4　优化的 SSD 方法分解信号的时域图与频域图

采用上述所提方法处理振动信号，首先采用三种目标函数分别评估振动信号，其结果如表 5-1 所示。对比三个结果可知，同一个信号使用不同的评估函数评估其噪声含量，存在明显的误差。为了准确评估信号中的噪声含量，本章采用图 2-21 所示的评估流程选择合适的评估函数。

根据表 5-1 中的数据，本章首先将含噪量为-0.7761dB 的噪声代入式（2-16）；将含噪量为-0.8260dB 的噪声代入式（2-28）；将含噪量为-0.5332dB 的噪声代入式（2-31）构建三个仿真信号模型，分别将其命名为模型 1、模型 2、模型 3；其次分别计算三个仿真信号模型与振动信号之间的互信息熵值，其结果如表 5-2 所示。根据互信息熵的理论可知，振动信号与模型 1 之间的关联性更强，据此可知信号中的噪声类型主要是白噪声。因此本章选择评估噪声类型为白噪声的函数作为评估 AWF-STFT 滤波器对仿真信号滤波效果的目标函数，其滤波结果如图 5-5 所示。采用 STA 寻优算法获得的最佳滤波器长度为 304，此时信号的信噪比最大。

表 5-1  三种目标函数对振动信号的评估结果

| 噪声种类 | 评估值/dB |
|---|---|
| 白噪声 | −0.7761 |
| 白噪声/Chirp 信号 | −0.8260 |
| 白噪声/Chirp 信号/调制信号 | −0.5332 |

表 5-2  三个仿真模型与振动信号之间的互信息熵值

| 模型 | 互信息熵值 |
|---|---|
| 模型 1 | 3.1773 |
| 模型 2 | 3.1753 |
| 模型 3 | 3.1360 |

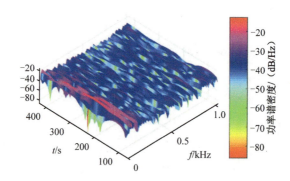

图 5-5  仿真信号经过 AWF-STFT 滤波器滤波结果

为了更好地对比滤波前后信号的变化，将图 5-1 中的 $X(t)$ 信号进行放大得到图 5-6 所示的结果。其中，图 5-6（a）所示为含噪信号 $X(t)$ 的时域图，图 5-6（b）所示为信号经过 AWF-STFT 滤波器滤波后的时域图。对比图 5-6（a）、（b）可以观察到，噪声被明显滤除且滤波后的信号毛刺少于原始信号，信号更加明显。然而观察图 5-6（b）可知，信号中依然存在噪声。采用本章提出的优化的 SSD 方法对滤波后的信号进行分解，得到如图 5-7 所示的结果。对比图 5-4 与图 5-7 可知，信号中的噪声被明显滤除；对比图 5-3 与图 5-7 可知，同一频率信号被分隔在相同的 SSC 分量中，验证了本章优化方法的可行性。局限于 SSD 方法受强噪声环境影响，图 5-7 中仅提取了 150Hz 的齿轮故障信号，220Hz 的轴承故障信号并没有被提取，在 5.4 节中提出使用多尺度样本熵与 SSD 方法相结合的信号处理方法获得轴承故障信号。

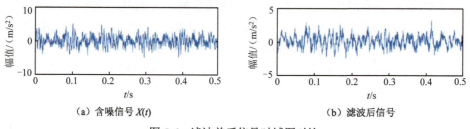

（a）含噪信号 $X(t)$                （b）滤波后信号

图 5-6  滤波前后信号时域图对比

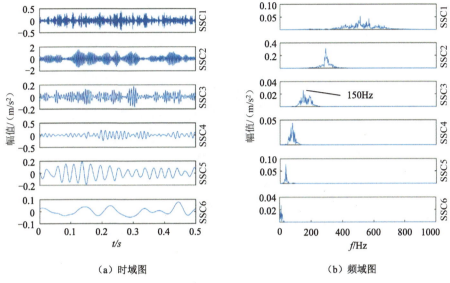

（a）时域图　　　　　　　　　　　（b）频域图

图 5-7　滤波后的信号被优化的 SSD 方法分解结果

# 5.4　多尺度样本熵

熵作为衡量信号复杂度的量被广泛应用于信号处理中，信号越复杂其熵值越大，信号越简单其熵值越小，工程中采集到的信号包含大量噪声，因此其熵值要远大于故障信号。旋转机械中检测到的故障信号通常嵌入多尺度结构中。样本熵（sample entropy，SE）[61-63]能够依托时间序列进行信号复杂性的分析，可以很容易地区分复杂性不同的信号，然而其仅仅能够从单一尺度对信号进行分析，丢失了很多特征信息，存在一定的局限性，限制了其提取嵌入式故障特征方面的性能[64]。为了解决样本熵存在的不足，Costa 等[65]提出了多尺度样本熵（multiscale sample entropy，MSE），作为不同时间尺度上时间序列的有效复杂性度量。给定一个时间序列 $\{x_1, x_2, \cdots, x_{N-1}, x_N\}$，MSE 构造多个粗粒化时间序列、粗粒化尺度因子 $Q$ 的过程是通过平均时间序列的内部结构，但不重叠尺度因子的长度获得的，图 5-8 所示为粗粒化过程。

粗粒化时间序列表示如下：

$$y_j^Q = \frac{1}{Q} \sum_{i=(j-1)Q+1}^{jQ} x_i \qquad \left(1 \leqslant j \leqslant \frac{N}{Q}\right) \tag{5-9}$$

式中，$Q$ 是尺度因子且为正整数，当 $Q=1$ 时，粗粒化时间序列 $y_j^Q$ 为原始时间序列；$j$ 是粗粒化时间序列的长度；$N$ 为时间序列长度；求和符号中上下式分别表示第 $j$ 个粗粒化过程的时间序列起始和最终序号。

下一步是针对每个新的重构的粗粒化时间序列信号 $y^Q$ 的多尺度样本熵与尺度因子 $Q$ 的计算。多尺度样本熵的计算步骤如下。

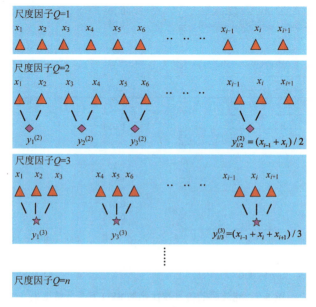

图 5-8　粗粒化过程

（1）构建向量 $\boldsymbol{y}_m^{(Q)}(i)$：

$$\boldsymbol{y}_m^{(Q)}(i)=\left[y^Q(i),y^Q(i+1),\cdots,y^Q(i+m-1)\right]\qquad\left(i=1,\cdots,\frac{N}{Q}-m+1\right)\qquad(5\text{-}10)$$

式中，$m$ 是需要进行比较的序列的长度。

（2）计算两个向量之间的最大范数 $d_m\left[\boldsymbol{y}_m^Q(i),\boldsymbol{y}_m^Q(j)\right]$：

$$d_m\left[\boldsymbol{y}_m^Q(i),\boldsymbol{y}_m^Q(j)\right]=\max\left[\left|y_m^Q(i+k)-y_m^Q(j+k)\right|\right]\qquad(0\leqslant k\leqslant m-1)\qquad(5\text{-}11)$$

（3）$B_i^m(r)$ 函数定义：

$$B_i^m(r)=\frac{1}{N/Q-m+1}u^m(i)\qquad\left(i=1,\cdots,\frac{N}{Q}-m+1\right)\qquad(5\text{-}12)$$

式中，$r$ 是接受矩阵的公差；$u^m(i)=d_m\left[\boldsymbol{y}_m^Q(i),\boldsymbol{y}_m^Q(j)\right]$，且 $d_m\left[\boldsymbol{y}_m^Q(i),\boldsymbol{y}_m^Q(j)\right]\leqslant r$，$i\neq j$。

（4）$A_i^m(r)$ 函数定义：

$$A_i^m(r)=\frac{1}{N/Q-m+1}\upsilon^{m+1}(i)\qquad\left(i=1,\cdots,\frac{N}{Q}-m+1\right)\qquad(5\text{-}13)$$

式中，$\upsilon^{m+1}(i)=d_{m+1}\left[\boldsymbol{y}_{m+1}^Q(i),\boldsymbol{y}_{m+1}^Q(j)\right]$，且 $d_{m+1}\left[\boldsymbol{y}_{m+1}^Q(i),\boldsymbol{y}_{m+1}^Q(j)\right]\leqslant r$，$i\neq j$。

（5）计算匹配点的概率：

$$B^m(r)=\frac{1}{N/Q-m+1}\sum_{i=1}^{N/Q-m+1}B_i^m(r)\qquad(5\text{-}14)$$

$$A^m(r)=\frac{1}{N/Q-m}\sum_{i=1}^{N/Q-m}A_i^m(r)\qquad(5\text{-}15)$$

式中，$B^m(r)$、$A^m(r)$ 分别表示两个序列匹配 $m$、$m+1$ 个点的概率。

（6）多尺度样本熵的理论值定义为

$$\text{SampEn}(m,r) = \lim_{N/Q \to \infty} \left\{ -\ln \frac{A^m(r)}{B^m(r)} \right\} \tag{5-16}$$

当数据点 $N/Q$ 为有限数时，样本熵的估计为

$$\text{SampEn}(m,r,N) = \left[ -\ln \frac{A^m(r)}{B^m(r)} \right] \tag{5-17}$$

由式（5-17）可知，SampEn 的值与 $m$、$r$ 的取值有关，目前并没有确定的值，根据经验值取 $m$=2、$r \in$(0.1SD~0.5SD)，SD 为原始数据的标准差。本章对时间序列复杂度进行研究时，取 $m$=2、$r$=0.25SD。

## 5.5　尺度因子 $Q$

由于多尺度样本熵的尺度因子 $Q$ 会影响 MSE，不同的 $Q$ 值有不同的 MSE 值。根据 5.4 节 SSD 的分解可知，每一层 SSC 分量都有不同的信噪比，为了精确地确定每个 SSC 分量的 MSE 值，更好地区分不同的 SSC，本章取 $Q$ 范围为 1~20 的数值，取信噪比为-30dB、-20dB、-10dB、1dB、10dB 的噪声进行仿真，其结果如图 5-9 所示。图中，相同信噪比的信号由于 $Q$ 值不同，MSE 值不同。以信噪比-30dB 为例，当 $Q$ 取不同值时，MSE 只存在大的波动，其波动范围为 1.6~2.5。相同 $Q$ 的 MSE，由于信噪比不同，其 MSE 值存在不同的值。以 $Q$=15 为例，可知不同的噪声含量，信号的复杂程度不同，因此其有不同的 MSE 值。采用多尺度样本熵衡量信号复杂度，当信号中噪声越多，其 MSE 值越大。图 5-9 中当 $Q$ 取 10 时，MSE 值是按照信号中噪声由多至少顺序排列，不存在低噪声 MSE 值大于高噪声 MSE 值的情况。当 $Q$=13 时可以明显观察到，当 SNR=-10dB 时的 MSE 值大于 SNR=-20dB 的 MSE 值，与熵衡量信号复杂度时信号

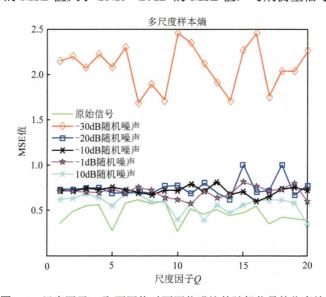

图 5-9　尺度因子 $Q$ 取不同值时不同信噪比的随机信号的仿真结果

越复杂其熵值越大的原则相违背，进一步证明了尺度因子 $Q$ 影响多尺度样本熵的应用。当 $Q$=10 时可以明显地区分信号，因此本章选择 $Q$=10，计算每一层 SSC 分量的 MSE 值。

## 5.6  不同阈值比较

为了确定合适的阈值，本小节对阈值取最小值和平均值进行分析，将各 SSC 分量多尺度样本熵值进行对比，并将原始信号与重构信号进行对比分析。

### 5.6.1  阈值取最小值

剔除 $SSC_i$ 分量中 MSE 值较大的信号，需要确定合适的阈值，本章取 10000 组随机噪声分别计算每组噪声的 MSE 值（每组随机噪声的信号长度与仿真信号一致），并将其值进行归一化处理，如图 5-10 所示。图中，噪声的 MSE 值在 0.55～1 之间变化，本章选择 10000 组噪声中 MSE 值的最小值作为剔除 SSC 分量的阈值。由于 10000 组噪声是随机取得的，因此阈值是一个动态变化的值，经过大量仿真，最小阈值都在一个很小的范围波动，因此本章选择 10000 组噪声中 MSE 值的最小值作为阈值是合理的。

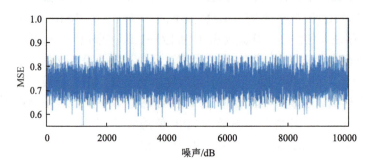

图 5-10  10000 组随机噪声多尺度样本熵值

取尺度因子 $Q$ 为 10，计算 5.5 节中仿真获得的 SSC 分量与 10000 组随机噪声的 MSE 值，以 10000 组随机噪声的最小值为阈值，得到如图 5-11 所示的结果。图中，粉色线条为 10000 组随机噪声的最小值为 0.5344，红色柱形为每个 SSC 分量的 MSE 值，将大于阈值部分的 SSC 分量信号剔除，因此图 5-11 中 SSC1、SSC3、SSC4（MSE 值分别为 0.7477、0.6424、0.5954）信号被剔除，将剩余的 SSC2、SSC5、SSC6（MSE 值分别为 0.4907、0.5003、0.4130）信号进行重构，并进行 FFT 变换，得到如图 5-12 所示的结果。图中，红色虚线为重构的信号，蓝色实线为原始信号，可以明显看到，信号的高频噪声部分 400～1000Hz 被剔除，实现了降噪的目的。对比图中的结果可知，150Hz 的信号能量大量损失不利于信号的提取，且 220Hz 的轴承故障信号没有被提取，因此使用 10000 组随机噪声中 MSE 值的最小值作为噪声剔除的判别条件存在过滤除现象。针对这个问题本章提出使用 10000 组随机噪声 MSE 值的平均值作为剔除噪声的判别条件。

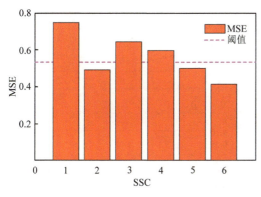

图 5-11　各 SSC 分量多尺度样本熵值

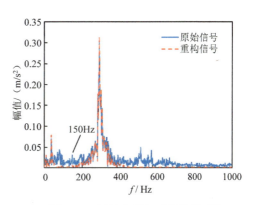

图 5-12　原始信号与重构信号对比

### 5.6.2　阈值取平均值

取 10000 组随机噪声分别计算每组噪声的 MSE 值（每组随机噪声的长度与仿真信号一致），将其值进行归一化处理，并将 10000 组噪声中 MSE 值的平均值作为剔除 SSC 分量的阈值，得到如图 5-13 所示的结果。图中，粉色虚线为 10000 组随机噪声中 MSE 值的平均值，为 0.7329；红色柱形为每个 SSC 分量的 MSE 值，本章将大于阈值部分的 SSC 分量信号剔除，因此图 5-13 中 SSC1（MSE 值为 0.7477）信号被剔除。将剩余的 SSC2、SSC3、SSC4、SSC5、SSC6（MSE 值分别为 0.4907、0.6424、0.5954、0.5003、0.4130）信号进行重构，并进行 FFT 变换，得到如图 5-14 所示的结果。图中，蓝色实线为原始信号，红色虚线为重构的信号，可以明显看到信号的高频噪声部分 400～1000Hz 被剔除，实现了降噪的目的。

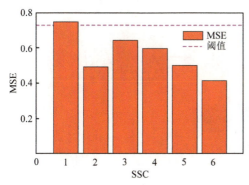

图 5-13　各 SSC 分量多尺度样本熵值
（MSE 平均值为阈值）

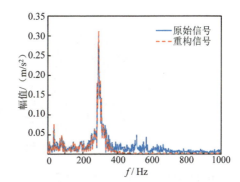

图 5-14　原始信号与重构信号对比
（MSE 平均值为阈值）

## 5.7　优化的 SSD 方法

将重构信号进行 SSD，得到如图 5-15 所示的结果。图中，150Hz 的齿轮故障仿真信号被提取，220Hz 的轴承故障仿真信号依然没有被提取，因此本章提出如图 5-16 所示的优化的 SSD 方法。

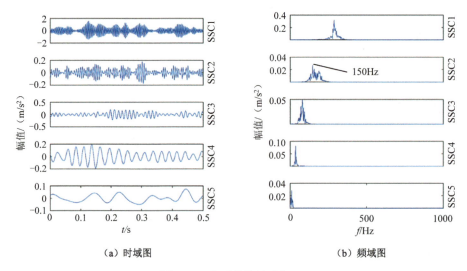

（a）时域图　　　　　　　　　　　　（b）频域图

图 5-15　将重构信号进行 SSD

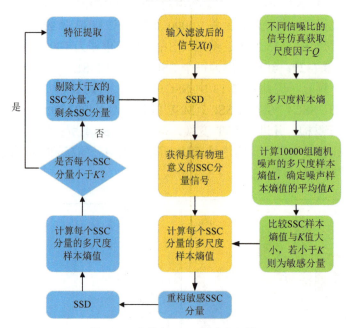

图 5-16　优化的 SSD 方法流程图

优化的 SSD 方法的实施步骤如下：

（1）用 SSD 方法分解含有噪声的原始信号 $X(t)$，获得一系列 SSC 方法。

（2）由于多尺度样本熵（MSE）的多尺度因子 $Q$ 的选择会影响每一个 SSC 的多尺度样本熵值，根据 SSC 方法的分解特点可知，每一层的噪声含量不同，为了更好地区分每一层信号，选择 1~20 的尺度因子和不同信噪比的信号进行仿真，确定合适的尺度因子 $Q$。

（3）将 $m=2$、$r=0.25SD$ 及步骤（2）中确定的 $Q$ 值代入 MSE 中，计算 10000 组随机噪声的多尺度样本熵值，得到噪声多尺度样本熵值的平均值 $K$。

（4）计算每个 SSC 分量的多尺度样本熵值，将获得的值与 $K$ 比较，剔除大于 $K$ 值的分量，并将剩余的 SSC 分量重构。

（5）将重构信号进行 SSD，计算每个 SSC 分量的多尺度样本熵值。

（6）将每个 SSC 分量的多尺度样本熵值与平均值 $K$ 比较，若存在大于 $K$ 值的 SSC 分量，则重复步骤（2）～（6）；否则进入步骤（7）。

（7）将重构信号进行 FFT 变换，获得故障信号。

根据图 5-16 所提的方法，重构信号需要被 SSD 方法分解，并计算每个分量信号的 MSE 值。将所得 MSE 值与阈值进行比较，如果存在大于阈值的 SSC 分量信号则剔除，将剩余信号重构，并再次进行 SSD，经过多次迭代最终得到不存在分量信号的 MSE 值大于阈值的情况，迭代终止。迭代终止时信号分解的时域图与频域图如图 5-17 所示。图中，仿真信号的故障频率 150Hz（SSC1）与 220Hz（SSC2）被提取，验证了本章所提方法的有效性。每个分量信号的多尺度样本熵值与平均阈值的关系最终如图 5-18 所示。图中，虚线为噪声 MSE 的平均阈值，为 0.7332，SSC1～SSC5（MSE 值分别为 0.4546、0.6842、0.5730、0.3769、0.4203）的多尺度样本熵值均小于平均阈值。

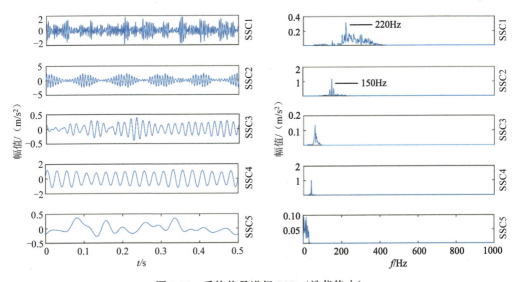

图 5-17　重构信号进行 SSD（迭代终止）

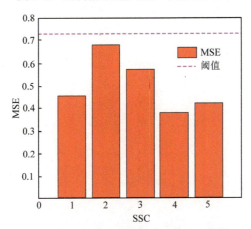

图 5-18　各 SSC 分量多尺度样本熵值（迭代终止）

# 5.8  本 章 小 结

本章首先对奇异谱分解（SSD）方法的理论进行了阐述，通过 SSD 方法与 CEEMD 方法分解仿真信号的结果对比分析，得出 SSD 方法优于 CEEMD 方法的结论。SSD 方法由于其停止准则使用归一化均方根误差存在过分解现象，因此本章提出采用两个分解停止判断标准，优化了 SSD 方法，解决了 SSD 方法存在过分解的问题。然而强噪声环境对 SSD 结果存在干扰的问题依然没有解决，因此本章采用优化的 AWF-STFT 滤波器对仿真信号进行滤波处理，降低了噪声对滤波结果的影响，为接下来信号的处理提供了一个很好的弱噪声环境，增加了弱故障信号被提取的可能性。由于信号经 SSD 后依然存在噪声分量，文章提出了一种自动剔除噪声分量的方法，首先通过含有不同信噪比的仿真信号确定多尺度样本熵（MSE）中最佳尺度因子；然后计算大量随机噪声的多尺度样本熵值的平均值，并将其作为 SSD 中含噪声分量的阈值，如果存在大于阈值的 SSC 分量信号则剔除，将剩余信号进行重构，再次使用 SSD 方法获得故障信号。

# 第6章　自适应变分模态分解方法

　　滚动轴承早期微弱故障诊断可以有效地预防机械设备发生重大故障,有效地减小各种损失。但是,由于滚动轴承在早期故障发生时,其故障信号微弱并且伴随各种因素引起的较大噪声,有效的故障信号淹没在噪声中难以提取。目前,滚动轴承早期微弱故障诊断主要的研究方向是使用有效的方法降噪,然后利用各种故障特征提取方法进行故障诊断。近年来,常用的降噪方法有最小熵反褶积(minimum entropy deconvolution,MED)、最大相关峭度反褶积(MCKD)等。本文在强噪声背景下对滚动轴承早期微弱复合故障信号的特征提取方法展开研究,以变分模态分解(VMD)方法的缺陷为研究内容,不断地改进与完善该方法的缺陷,对涉及的 VMD 故障诊断方法进行理论介绍,同时对VMD 方法的优缺点进行分析,并利用仿真分析验证这些缺点对该方法的影响。

## 6.1　变分模态分解方法

　　变分模态分解(VMD)[66]是德拉戈米雷茨基(Dragomiretskiy)和佐索(Zosso)于 2014 年提出的一种新颖的自适应信号处理方法。与递归模式分解方法[如经验模态分解(empirical mode decomposition,EMD)和局部均值分解(local mean decomposition,LMD)]相比,VMD 可以将信号分解为带限本征模式函数的集合,它们的中心频率是在线估计的,并且所有模式都是同步提取的。

### 6.1.1　变分模态分解方法的基本概念与研究现状

　　VMD 方法与经验模态分解方法和平均经验模态分解方法相似,可以将故障信号根据高低频分解为若干本征模态函数。

　　经过多年的研究,黄锷(N E. Huang)提出了一种具有自适应性的信号分析方法,即 EMD,它是最有效的时频分析技术之一,自提出以来,已经在各个领域得到了广泛的研究与应用[67]。EMD 方法是基于振动信号自身的时间尺寸特征,将信号分解为若干个本征模态函数,经过希尔伯特(Hilbert)变换,得到其时频分布。由于 EMD 方法可以有效地处理滚动轴承复杂的故障信号,同时具有自适应性,因此被广泛应用于滚动轴承故障诊断特征频率提取中。Wang 等[68]提出一种故障诊断方法,首先对原始振动信号进行自相关去噪,然后利用 EMD 方法进行分解得到本征模态函数,计算本征模态与去噪以后振动信号的相关系数,选择相关系数合适的本征模态进行重构,再次去噪,最后进行包络谱分析,这样可以得到准确的故障特征频率。Vernekar 等[69]提出 EMD 与贝叶斯(Bayes)算法相结合的故障诊断方法,EMD 方法用于分解振动信号的固有模态,贝叶斯算法用于故障分类器,实验结果表明该方法在故障诊断中具有可靠性和准确性。由于 EMD 方法在处理复杂信号时,不可避免地存在端点效应和模态混叠等严重缺陷,该方法的发展受到了抑制。

为了有效避免 EMD 方法的缺陷，许多学者进行了大量的创新与研究，提出了总体集合经验模态分解（ensemble empirical mode decomposition, EEMD）。EEMD 在 EMD 的基础上，将白噪声混入振动信号中，利用高斯白噪声具有频率均匀分布的特性，使振动信号在不同尺度上具有连续性，从而达到缓解 EMD 方法缺陷的目的。Li 等[70]提出基于 EEMD 与小波神经网络（wavelet neural network, WNN）的轴承故障诊断方法，轴承振动信号首先经过 EEMD 处理得到本征模态函数，然后基于峰度指数选择本征模态函数，最后从选择的本征模态函数中获得故障特征，将这些特征输入 WNN 中识别轴承健康状况。Tabrizi 等[71]首先使用小波分解对故障信号进行去噪处理，然后通过 EEMD 获取故障特征信号，最后使用支持向量机算法检验轴承健康状态，验证了该方法在故障检测方面具有可靠性。尽管 EEMD 在某种程度上缓解了 EMD 方法的缺陷问题，但是其依旧存在两个难点需要克服，一是 EEMD 分解产生的结果包含多余的噪声分量，需要大量的集合实验来消除多余的噪声分量，这一过程耗时严重；二是利用高斯白噪声的特性缓解 EMD 方法缺陷时，由于高斯白噪声具有较强的随机性的原因，导致不同的实验可能产生不同数量的信号分量，难以采用整体均值。

基于 EMD 方法与 EEMD 方法的缺点，Smith[72]提出了局部均值分解（local mean decomposition，LMD）方法，LMD 方法可以将复杂信号分解为若干个乘积函数和残余分量，每个乘积函数分量为包络信号和调频信号的乘积。相比于 EMD 方法和 EEMD 方法，LMD 方法具有精度高、收敛速度快等优点。LMD 方法在处理复杂信号时，端点效应、步长选择、模态混叠的缺陷仍然不能忽略，这些缺陷限制了该方法的发展。

基于上述分解方法的缺陷，一种具有自适应性的信号分解方法，即变分模态分解（VMD）被提出。该方法的目的是将信号分解为若干个中心频率分离的固有模态分量。由于 VMD 方法具有抗干扰能力强、速率快等特点，并且克服了交叉干扰和模态混叠等现象，因此在故障诊断的应用中得到大力发展[73]。近几年，由于智能算法的快速发展，如粒子群优化（particle swarm optimization，PSO）算法、蚱蜢优化 (grasshopper optimization algorithm，GOA）算法等[74-76]；同时，熵在信号处理应用中以及在智能算法中的发展，如样本熵、排列熵、模糊熵等[77]，VMD 方法在故障诊断中的应用更为完善，VMD 方法中的参数也得到了不断的改进。例如，Wang 等[68]利用排列熵优化的方法自适应地确定了 VMD 参数，然后使用参数确定的 VMD 自适应地分解振动信号，从而准确地提取了故障特征。Li 等[78]提出了一种基于 VMD 和广义复合多尺度符号动力学熵（symbol dynamic entropy，SDE）的齿轮箱故障诊断方法，首先使用 VMD 方法分解，去除振动信号中的噪声，然后使用多尺度符号动力学熵提取故障特征，同时采用拉普拉斯分数细化故障特征，最后确定齿轮箱故障健康状况。Tiwari 等[79]提出了多尺度排列熵和自适应模糊分类器的故障诊断方法，其中多尺度排列熵用于故障特征提取，自适应模糊分类器用于故障分类，实验表明这种方法在故障诊断中具有较强的可靠性。

与 EMD 方法和 EEMD 方法相比较，VMD 方法有效克服了端点效应，并抑制了模态混叠现象的发生。然而，该方法在处理故障信号之前，需要预先确定本征模态函数分解个数 $k$ 和惩罚因子 $\alpha$[80]。在 VMD 方法中，分解个数 $k$ 对分解结果影响较大，即当 $k$

值设置过高时，会导致过分解现象发生并分解出异常的白噪声成分；当 $k$ 值过低时，会发生欠分解现象；$\alpha$ 取值越大，所得 $k$ 个模态函数的带宽越大；反之，$\alpha$ 取值越小，所得 $k$ 个模态函数的带宽越小，从而影响分解精度，并且 $k$ 和 $\alpha$ 取值不当会出现模态混叠等现象。因此，选择合适的参数组合 $[k,\alpha]$ 是 VMD 分解信号的关键。同时，噪声对 VMD 方法的影响较大，在强噪声环境下，利用该方法对故障信号进行分解时，会将噪声信号分解出来，导致无法准确地提取故障信号，所以在使用 VMD 方法处理故障信号之前，不仅要对本征模态函数分解个数 $k$ 和惩罚因子 $\alpha$ 进行自适应确定，还要对故障进行一定的降噪处理。近几年，由于各种智能算法的快速发展，VMD 方法的参数优化得到了改进，在利用这些智能算法对 VMD 方法中的参数 $[k,\alpha]$ 进行优化时，需要选择一个目标函数。例如，Zhang 等[75]利用蚱蜢优化算法对 VMD 参数进行优化。在该方法中，首先，利用峰度指数和相关系数构造了称为加权峰度指数的测量指标。然后，使用最大加权峰度作为目标度函数，通过蚱蜢优化算法优化 VMD 参数。Miao 等[81]通过构造指标集合峰度为目标函数，利用蚱蜢优化算法自适应地确定 VMD 参数。Yi 等[73]考虑粒子群具有收敛速度快、设置参数少、算法简单、易于实现等优点，使用粒子群优化算法优化 VMD 的参数，然后使用参数优化后的 VMD 方法对滚动轴承微弱故障进行了提取，通过实验与仿真对比发现，参数优化后的 VMD 方法处理信号的性能有所提高。

VMD 方法目前处于研究发展阶段，虽然智能算法的快速发展，使得 VMD 方法得到了一定的改进，性能得到了改善，但是 VMD 方法在参数选择方面仍然存在缺陷，自适应地确定本征模态函数分解个数 $k$ 和惩罚因子 $\alpha$ 仍然是当今 VMD 发展阶段的研究重点和难点。

### 6.1.2　变分模态分解方法的理论基础

VMD 方法是一种自适应非递归信号分解新方法。其利用一系列迭代求解过程来约束变分模型，使其求得最优解。该方法能够自适应地将各分量有效分离，从而获取各个固有模态函数的频率中心和带宽。此外，VMD 方法可以自适应地确定相关频带并且估计相应的模型，其整体框架是变分模型问题。利用 VMD 方法对复杂信号进行分解的过程其实就是构造变分函数问题求解过程。

VMD 方法将原始信号 $x(t)$ 分解为 $k$ 个限制带宽的本征模态函数可以表示为

$$u_k(t) = A_k(t)\cos(\varphi_k(t)t) \tag{6-1}$$

式中，$A_k(t)$ 为 $u_k(t)$ 的瞬时幅值；$\varphi_k(t)$ 为 $u_k(t)$ 的瞬时频率。

利用解调信号进行 H 高斯平滑，以估计 $u_k(t)$ 的带宽。最终，VMD 方法的约束变分模型表示如下：

$$\min_{\{u_k\}\{w_k\}} \left\{ \sum_k \left\| \partial_t \left[ \left( \sigma(t) + \frac{\mathrm{j}}{\pi t} \right) u_k(t) \right] \mathrm{e}^{-\mathrm{j}w_k t} \right\|_2^2 \right\} \tag{6-2}$$

$$\text{s.t} \quad \sum_k u_k = x(t) \tag{6-3}$$

式中，$k$ 为本征模态函数个数；$\partial_t$ 表示对 $t$ 求偏导数，$u = \{u_1, u_2, \cdots, u_k\}$ 表示信号 $x_t$ 分解

得到的 $k$ 个本征模态函数(IMFs); $w = \{w_1, w_2, \cdots, w_k\}$ 表示各 IMFs 分量的中心频率; $e^{-jw_k t}$ 为预估的中心频率,j 是虚数单位,$w$ 为模态 $u_k(t)$ 的中心频率,此项用来将模态中的频率移至零频附近。

为了求解以上变分模型的最优解,在此引入以下形式的拉格朗日函数:

$$L(\{u_k\},(w_k),\lambda) = \alpha \sum_k \left\| \left[ \left(\sigma(t)+\frac{j}{\pi t}\right) \right] e^{-jw_k t} \right\|_2^2 + \left\| x(t) - \sum_k u_k(t) \right\|_2^2 + \left\langle \lambda(t), x(t) - \sum_k u_k(k) \right\rangle \tag{6-4}$$

式中,$\lambda$ 为拉格朗日乘子;$\alpha$ 为惩罚因子。

其次,对式(6-4)进行时-频域变换,并进行相应的极值求解,即可得到模态分量 $u_k(t)$ 以及中心频率 $w_k$ 的频域表达式为

$$u_k^{n+1}(t) = \frac{f(x) - \sum_{i=1, i \neq k}^{k} u_i(t) + \frac{\lambda(x)}{2}}{1 + 2\alpha(w - w_k)^2} \tag{6-5}$$

$$w_k^{n+1} \leftarrow \frac{\int_{\infty}^{\infty} w |u_k^{n+1}(t)|^2 \, dw}{\int_{\infty}^{\infty} |u_k^{n+1}(t)|^2 \, dw} \tag{6-6}$$

式中,$\lambda(x)$ 是为了保证在优化过程中约束条件始终得到满足而引入的变量。

最后,采用交替方向乘子算法求解变分模型的最优解,从而将原始信号 $x(t)$ 分解为 $k$ 个 IMFs。VMD 方法的具体步骤如下:

(1)将 $\{u_k\}$、$\{w_k\}$、$\{\lambda^1\}$ 初始化为 0。

(2)利用式(6-5)、式(6-6)更新 $u_k^{n+1}$、$w_k^{n+1}$。

(3)利用 $\lambda^{n+1}(w) = \lambda^n(w) + \gamma\left( f(w) - \sum_k^{n+1} u_k(w) \right)$ 更新 $\lambda^{n+1}$,其中 $w$ 为泛函,$\lambda^n(w)$ 为更新迭代后的拉格朗日乘子,$\gamma$ 表示噪声容限。

(4)直到满足 $\dfrac{\sum_k \|u_k^{n+1} - u_k^n\|_2^2}{\|u_k^n\|_2^2} < \varepsilon$($\varepsilon$ 为停止阈值),停止迭代,退出循环;否则返回步骤(2),最终得到 $k$ 个 IMFs,完成分解[46]。

### 6.1.3 仿真信号分析

为了验证 VMD 方法处理早期微弱故障信号的性能,选用合适的仿真信号对该方法进行分析。由于当滚动轴承发生早期微弱复合故障时,其振动信号主要是由非平稳信号、冲击信号、调制信号等复杂信号组成,为了能够让仿真分析更接近于工程实际,就要使仿真信号更接近实际的滚动轴承故障信号。因此,仿真信号 $x(t)$ 的组成表示如下:

$$x(t) = x_1(t) + x_2(t) + x_3(t) + x_4(t) \tag{6-7}$$

式中,$x(t)$ 为一个合成信号;组成信号 $x_1(t) = 1.5\sin(2\pi f_1 t)$ 为正弦波信号,$f_1$ 为正弦波信号的频率;组成信号 $x_2(t) = (1 + \cos(2\pi f_{n1}t) + \cos(2\pi f_{n2}t))\sin(2\pi f_z t)$ 是一个调幅、调频信号,

$f_{n1}$、$f_{n2}$ 为调制源的调制频率，$f_z$ 为载波频率；组成信号 $x_3(t) = A_m \times \exp(g/T_m)\sin(2\pi f_c t)$ 为周期性冲击信号，$A_m$ 为冲击幅值，$g$ 为阻尼系数，$T_m$ 为冲击周期，$f_c$ 为轴的转动频率；组成信号 $x_4(t)$ 是信噪比为 1.91dB 的噪声。

仿真信号的各参数设置如表 6-1 所示。

表 6-1　仿真信号参数

| $f_1$/Hz | $f_{n1}$/Hz | $f_{n2}$/Hz | $f_z$/Hz | $g$ | $T_m$/s | $f_c$/Hz | $A_m$/μm |
|---|---|---|---|---|---|---|---|
| 32 | 15 | 20 | 130 | 0.1 | 0.1 | 280 | 2.5 |

设定采样点数为 2000，采样频率为 2000Hz，采用信噪比为 1.91dB 的噪声，对应的仿真信号 $x_1(t)$、$x_2(t)$、$x_3(t)$、$x_4(t)$ 以及合成信号 $x(t)$ 的时域图，如图 6-1 所示。

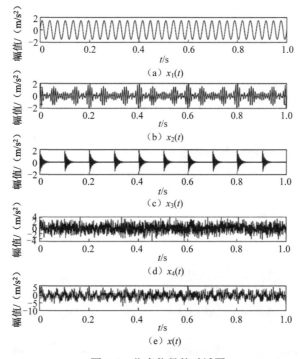

图 6-1　仿真信号的时域图

现将惩罚因子 $\alpha$ 设定为 1500，分解个数 $k$ 取 2、3、4，分别对仿真信号进行分析，结果如图 6-2 ~ 图 6-4 所示。

从图 6-2 ~ 图 6-4 可以看出，当 $k=2$ 时，VMD 方法处理信号的结果的频率分别为 32Hz 和 280Hz，但是，130Hz 的频率成分没有被有效地分解出来，发生了欠分解现象，所以 $k=2$，VMD 方法不能准确地提取频率；当 $k=3$ 时，VMD 方法处理信号的结果的频率分别为 32Hz 和 130Hz，在 IMF3 中分解出明显的无用噪声，容易产生误诊断现象；当 $k=4$ 时，VMD 方法处理信号的结果的频率分别为 32Hz、130Hz 和 280Hz，并且在 IMF2 中可以看出 130Hz 的边频带。综上所述，$k$ 的取值直接影响 VMD 方法的分解结果。

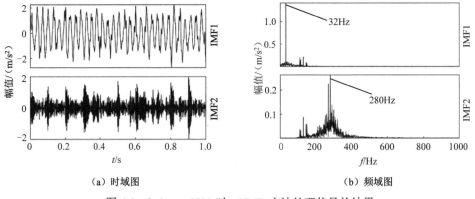

（a）时域图　　　　　　　　　　　　　（b）频域图

图 6-2　$k=2$，$\alpha=1500$ 时，VMD 方法处理信号的结果

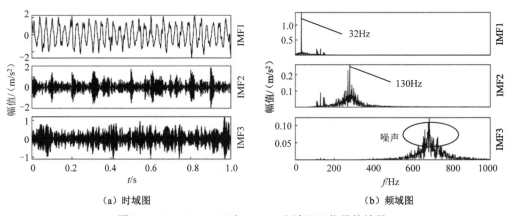

（a）时域图　　　　　　　　　　　　　（b）频域图

图 6-3　$k=3$，$\alpha=1500$ 时，VMD 方法处理信号的结果

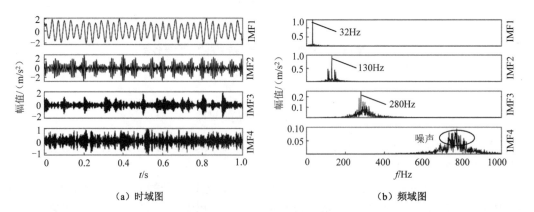

（a）时域图　　　　　　　　　　　　　（b）频域图

图 6-4　$k=4$，$\alpha=1500$ 时，VMD 方法处理信号的结果

　　将分解层数 $k$ 设定为 4，惩罚因子 $\alpha$ 取值为 300、5000，分别对该信号进行分析，分析结果如图 6-5 和图 6-6 所示。

　　由图 6-3、图 6-5、图 6-6 可知，$k$ 取值相同，$\alpha$ 取值不同时，VMD 方法处理信号的结果有所变化。当 $\alpha=300$ 时，在 IMF1 与 IMF2 中分解出 32Hz 和 130Hz 的频率成分，在 IMF3 与 IMF4 中分解出噪声成分，频率成分 280Hz 没有被提取出来。当 $\alpha$=5000 时，在 IMF1 中分解出 32Hz 的频率，在 IMF2 中分解出 280Hz 的频率，在 IMF3 与 IMF4 分解出噪声成分，130Hz 的频率被提取出来。当 $\alpha$=1500 时，VMD 方法处理信号的结果由图 6-3 分析可知，三个信号分量对应的频率都分解出来。

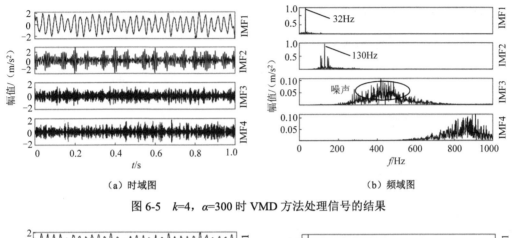

（a）时域图　　　　　　　　　　　　　　　（b）频域图

图 6-5　$k$=4，$\alpha$=300 时 VMD 方法处理信号的结果

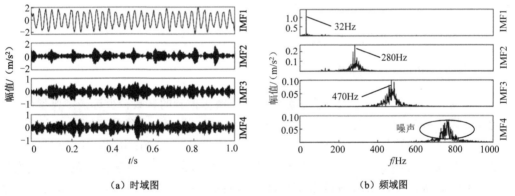

（a）时域图　　　　　　　　　　　　　　　（b）频域图

图 6-6　$k$=4，$\alpha$=5000 时 VMD 方法处理信号的结果

综上所述，VMD 方法中参数组合[$k$,$\alpha$]严重影响 VMD 方法处理信号的结果，所以参数组合[$k$,$\alpha$]准确地自适应确定是非常有必要的。

下文使用仿真信号验证强噪声对 VMD 方法的影响。

信号组成不变，分解层数 $k$=4 和惩罚因子 $\alpha$=1500 不变，通过增加随机噪声的幅值来降低信噪比，当信噪比为 1.91dB 的噪声变为−1.61dB 的噪声时，VMD 方法处理信号的结果如图 6-7 所示。由图可知，在 IMF1 中分解出 32Hz 的频率，IMF2 分解出 130Hz 的频率，IMF3 与 IMF4 充满了噪声。综上所述，冲击信号分量未被成功提取。所以，在使用 VMD 方法处理强噪声环境下的微弱故障信号时，使用简单且容易实现的算法对微弱故障信号进行降噪预处理是有必要的，同时也是 VMD 方法现阶段发展的研究难点。

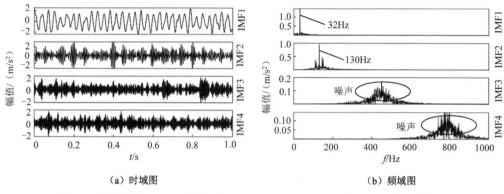

（a）时域图　　　　　　　　　　（b）频域图

图6-7　信噪比为-1.61dB 的噪声，$k=4$，$\alpha=1500$，VMD 方法处理信号的结果

# 6.2　基于多目标粒子群优化算法的自适应VMD 方法研究

粒子群优化算法（PSO）是由肯尼迪（Kennedy）等提出的一种群智能算法，由于该算法的鲁棒性极易实现，已被成功应用于多目标优化问题。

## 6.2.1　多目标粒子群优化算法

PSO 算法具有收敛速度快、算法编码简单、所需控制的参数较少等诸多典型优点，引起众多国内外学者的广泛兴趣和关注。在实际生产、生活中，往往需要考虑在多个目标条件约束下，问题是否达到最优，即为多目标最优问题。2002 年 Coello 等[82]在 PSO 算法的基础上通过附加外部粒子群来引导粒子运动，增强了该算法优化的全局搜索能力；同时在该算法中，引入帕累托（Pareto）支配关系，提高了该算法的运算性能。基于对 PSO 算法的改进，本章提出多目标粒子群优化（multi objective particle swarm optimization，MOPSO）算法，用来求解多目标优化问题。

多目标粒子群优化（MOPSO）算法可以利用多个目标函数指标对问题进行优化，由于其简单的原理和机制，并且具有快速的收敛速度、良好的全局搜索性和算法编码简单、所需控制的参数较少等诸多特点，在许多领域的诸多问题上得到了成功应用。国内外众多学者对该方法的改进做了大量的研究，如 Fan 等[83]提出了一种基于粒子群优化的多目标求解的方法，该方法是在帕累托（Pareto）优势概念的基础上结合多种搜索策略和经验移动策略构建的，结果表明在解决多目标问题中具有很大的优势。王维刚和刘占生[84]提出了使用多目标粒子群优化算法对支持向量机的惩罚因子等参数进行优化，并且验证了该方法的有效性。与单目标粒子群优化算法比较，多目标粒子群优化算法具有显著的优势。

## 6.2.2　基于多目标粒子群优化算法的VMD 参数优化

现阶段对 VMD 方法的自适应研究中，主要是针对 VMD 方法中自适应地选取参数组合[$k,\alpha$]进行研究。通常使用试凑法、单目标优化法来确定 VMD 中的分解层数 $k$ 和惩罚因子 $\alpha$，但是采用上述方法得不到最佳的参数组合，以至于 VMD 方法不具有自适应性。因此，本节提出利用 MOPSO 算法对 VMD 参数进行自适应选取。

在传统的 VMD 方法中，由于其方法理论的限制，在进行信号处理之前，需要预先设定参数组合[$k,\alpha$]。由变分模态分解的理论研究可知，预先设定的分解层数 $k$ 值过大，在处理信号时会出现过分解现象；$k$ 值过小，在处理信号时会出现欠分解现象，预先设定的 $\alpha$ 值的大小，会严重影响 VMD 方法处理信号的精度。由此可知，预先设定的 $k$ 值和 $\alpha$ 值对 VMD 方法处理信号的结果有较大的影响，所以选择合适的参数组合[$k,\alpha$]是准确提取故障信号的关键。MOPSO 算法可以利用多个目标函数指标对问题进行优化，使得优化后的问题达到最优结果，其简单的原理和机制以及稳定的理论基础、所需控制的参数较少等典型特点，在许多领域的诸多问题上得到了广泛应用。因此，本章采用 MOPSO 算法对 VMD 参数进行优化。利用 MOPSO 算法优化 VMD 参数的问题关键部分是多个适应度函数的选择，由于符号动力学熵（SDE）源于符号动态滤波，结合了符号动力学和信息理论的优点，基于这些优势，它能有效地去除背景噪声，并利用状态模式概率和状态转换来保留故障信号，SDE 在振幅和频率信息的振动信号分析中具有较好的性能。同时，考虑功率谱熵（power spectral entropy，PSE）反映了信号功率随频率变换的情况，PSE 值能有效反映信号频率组成的复杂程度，PSE 值较小时，信号的稀疏性较强。本章选用 SDE 和 PSE 作为 MOPSO 算法优化的目标函数，利用 MOPSO 算法得到 Pareto 前沿最优解集，最后经过归一化处理得到 VMD 参数最优组合[$k,\alpha$]。

PSE 算法原理如下。

（1）计算 $x(t)$ 的功率谱：

$$s(f) = \frac{1}{2\pi N} |x(w)|^2 \tag{6-8}$$

式中，$N$ 为信号长度；$x(w)$ 是 $x(t)$ 的傅里叶变换。

（2）通过对所有频率分量进行归一化处理，得到频谱的概率密度函数：

$$p(i) = \frac{s(f)_i}{\sum\limits_{k=1}^{N} s(f_k)} \qquad (i=1,2,\cdots,n) \tag{6-9}$$

式中，$s(f_i)$ 是频率分量 $f_i$ 的谱能量；$p(i)$ 是相应的概率密度函数；$n$ 是总概率密度快速傅里叶变换中的频率分量数。

（3）功率谱熵为

$$H = -\sum\limits_{k=1}^{N} p_i \cdot \log p_i \tag{6-10}$$

式中，$p_i$ 为概率密度；$k$ 为 $p_i$ 的个数；$N$ 为信号长度。

给定时间序列 $X = \{x(k), k=1,2,\cdots,N\}$，信号长度为 $N$，SDE 算法步骤如下：

（1）由于自适应分割的优点，将时间序列转换为符号时间序列。

（2）使用符号时间序列构建嵌入序列 $Z_j^{m,\lambda}$，表示为

$$Z_j^{m,\lambda} = \{z(j), z(j+1), \cdots, z(j+(m-1)\lambda)\}, \quad j = 1, 2, \cdots, N-(m-1)\lambda \quad (6\text{-}11)$$

式中，$m$ 表示嵌入尺寸；$\lambda$ 表示延时；$j$ 表示嵌入序列的位置。

（3）计算每个状态模式 $q_\alpha^{\varepsilon,m,\lambda}$ 的概率 $p(q_\alpha^{\varepsilon,m,\lambda})$。其中，符号个数为 $\varepsilon$，所以符号时间序列有 $\varepsilon^m$ 个状态模式：

$$p(q_\alpha^{\varepsilon,m,\lambda}) = \frac{\left\| \{ j : j \leqslant N-(m-1)\lambda, \mathrm{type}(Z_j^{\varepsilon,m,\lambda}) = q_\alpha^{\varepsilon,m,\lambda} \} \right\|}{N-(m-1)\lambda} \quad (6\text{-}12)$$

式中，$\mathrm{type}(\cdot)$ 表示符号空间到状态空间的映射；$\|\cdot\|$ 表示集合基数。

（4）利用状态概率构造状态模式矩阵 $\boldsymbol{q}^{\varepsilon,m,\lambda} = \left[ p(q_1^{\varepsilon,m,\lambda}), p(q_2^{\varepsilon,m,\lambda}), \cdots, p(q_m^{\varepsilon,m,\lambda}) \right]_{1 \times \varepsilon^m}$。

（5）计算状态转换概率 $p(\sigma_b | q_1^{\varepsilon,m,\lambda})$：

$$p(\sigma_b | q_1^{\varepsilon,m,\lambda}) = \frac{\left\| \{ j : j \leqslant N-m\lambda, \mathrm{type}(Z_j^{\varepsilon,m,\lambda}) = q_\alpha^{\varepsilon,m,\lambda}, Z(j+m\lambda = \sigma_b) \} \right\|}{N-m\lambda} \quad (6\text{-}13)$$

式中，$\sigma_b$ 为延时序列嵌入位置；$\alpha = 1, 2, \cdots, \varepsilon^m$，$\varepsilon^m$ 表示状态模式数量；$b = 1, 2, \cdots, \varepsilon$。

（6）基于 $p(\sigma_b | q_\alpha^{\varepsilon,m,\lambda})$ 构建状态转移矩阵：

$$\begin{bmatrix} p(\sigma_1 | q_1) & \cdots & p(\sigma_\varepsilon | q_1) \\ \vdots & & \vdots \\ p(\sigma_1 | q_\varepsilon^m) & \cdots & p(\sigma_\varepsilon | q_\varepsilon^m) \end{bmatrix} \quad (6\text{-}14)$$

（7）计算基于香农（Shannon）熵的 SDE 值：

$$\mathrm{SDE}_{\mathrm{norm}}(X, m, \lambda, \varepsilon) = -\sum_{\alpha=1}^{\varepsilon^m} p(q_\alpha^{\varepsilon,m,\lambda}) \ln\left( p(q_\alpha^{\varepsilon,m,\lambda}) - \sum_{\alpha=1}^{\varepsilon^m} \sum_{b=1}^{\varepsilon} p(q_\alpha^{\varepsilon,m,\lambda}) \cdot \ln(p(q_\alpha^{\varepsilon,m,\lambda}) \cdot p(\sigma_b | q_\alpha^{\varepsilon,m,\lambda})) \right)$$

$$(6\text{-}15)$$

（8）对 SDE 值进行归一化处理：

$$\mathrm{SDE}_{\mathrm{norm}}(X, m, \lambda, \varepsilon) = \frac{\mathrm{SDE}_{\mathrm{norm}}(X, m, \lambda, \varepsilon)}{\ln(\varepsilon^{m+1})} \quad (6\text{-}16)$$

式中，SDE 满足 $0 < \mathrm{SDE}_{\mathrm{norm}}(X, m, \lambda, \varepsilon) < 1$。

利用 MOPSO 算法优化 VMD 参数组合$[k,a]$的步骤如下：

（1）设置 MOPSO 算法中各个参数的值。

（2）初始化多目标粒子群优化参数$[k,a]$，随机产生每个粒子的位置 $p[i]$，初始化每个粒子的速度 $v(i) = 0$。

（3）计算每个粒子的适应度值。

（4）选取粒子群中非支配解存入存储集 $R$ 中。

（5）产生超立方体的搜索空间，按照每个粒子目标函数值定义坐标，并且用超立方体作为坐标系定位粒子。

（6）初始化粒子的局部最优位置。

（7）初始化迭代次数 $t=1$，当 $t=t+1$ 小于等于最大迭代次数 mI 时，进行下列操作。

① 计算每个粒子的速度：

$$v(i) = w \times v[i] + c_1 \times r_1 \times \left( p_b[i] - p[i] \right) + c_2 \times r_2 \times \left( R[h] - p[i] \right) \qquad (6\text{-}17)$$

式中，$w$ 为惯性权重；$c_1$ 和 $c_2$ 为学习因子；$r_1$ 和 $r_2$ 为(0,1)之间的随机数；$p_b[i]$ 为粒子的历史最优位置；$v[i]$ 为粒子由速度变化引起的位置变化；$p[i]$ 为粒子的当前位置；$R[h]$ 是取自存储集的值，其中 $h$ 的值利用轮盘式选取方法进行选取。

② 更新粒子的位置：

$$p[i] = p[i] + v[i] \qquad (6\text{-}18)$$

③ 将粒子保持在搜索空间，不可超出边界。同时，计算每个粒子的适应度值。

④ 更新存储集 $R$。

⑤ 当粒子的当前位置优于历史最优位置时，用 $p_b[i] = p[i]$ 更新粒子位置。利用 Pareto 支配准则判定粒子是否保留。

⑥ $t = t+1$。

（8）循环次数等于最大迭代次数，同时适应度值达到最小时，结束程序。

MOPSO 算法优化自适应 VMD 方法流程图如图 6-8 所示。

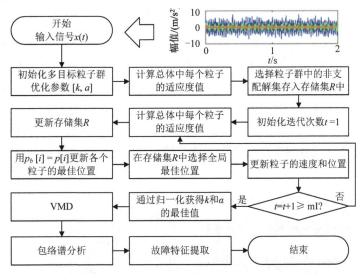

图 6-8　MOPSO 算法优化自适应 VMD 方法流程图

### 6.2.3　仿真信号分析

为了验证利用 MOPSO 算法分解模态个数 $k$ 和惩罚因子 $\alpha$ 后 VMD 方法的性能，采用与 6.1.3 节相同的仿真信号，$x_4(t)$ 为信噪比为 1.91dB 的噪声。同时与集合经验模态分解（EEMD）方法进行对比，验证经过改进后的 VMD 方法的有效性与可靠性。

首先利用 MOPSO 算法对 VMD 方法中的分解模态个数 $k$ 和惩罚因子 $\alpha$ 进行优化；由 SDE 的理论可知，SDE 值的大小可以更好地度量时间序列的复杂性，SDE 值越小，时间序列的分布越规则且具有周期性。由 PSE 的理论可知，PSE 反映了信号功率随频率变化的情况，功率谱熵能有效反映信号频率组成的复杂程度。功率谱熵值较小时，信号的稀疏性较强。所以，当利用 MOPSO 算法进行迭代优化时，适应度值越小，其参数越优。现设置 MOPSO 算法的参数：种群大小为 25，最大迭代次数为 25，惯性权重为 0.719，

学习因子 $c_1 = c_2 = 1.95$。利用本章提出的方法对 VMD 中分解模态个数 $k$ 和惩罚因子 $\alpha$ 进行优化，多目标粒子群寻优迭代过程中得到 Pareto 最优前沿解集的适应度值随迭代次数的变化如图 6-9 所示。

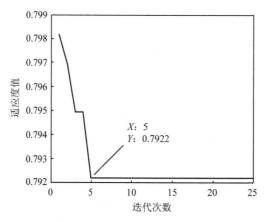

图 6-9　MOPSO 算法优化迭代图

由图 6-9 可知，适应度最小值为迭代次数为 5 时的 0.7922。搜寻到的最优参数组合为 $[k,\alpha]=[4,998]$，设定 VMD 参数 $k=4$、$\alpha=998$。利用仿真信号进行验证，结果如图 6-10 所示。由图可知，通过本章提出的方法对 VMD 方法进行参数优化改进后的 VMD 方法在处理仿真信号时，分解得到了 4 层固有模态函数。通过分解得到的 IMF 时-频谱图可以发现，原始信号中，三个故障频率全都被有效地提取，同时分解结果具有明显的边频带，与图 6-3 相比，经过 MOPSO 算法优化参数后的 VMD 的高频噪声成分更加集中。

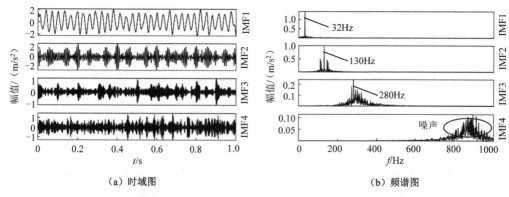

（a）时域图　　　　　　　　　　　　（b）频谱图

图 6-10　参数优化后 VMD 方法处理信号的结果

使用 EEMD 方法处理仿真信号时，经过分解得到 10 层固有模态函数，但是，只有前 6 层是有意义的，如图 6-11 所示。对于 EEMD 方法的分解结果，在 IMF1 中可以得到 32Hz 与 130Hz 的故障频率。在 IMF2 中可以找到 280Hz 的频率，但是这个故障成分不太明显，其幅值不高，很容易造成误诊断。同时，32Hz 的频率还出现在 IMF5 与 IMF6 中，发生了模态混叠现象。130Hz 的频率成分出现在 IMF1、IMF3 和 IMF4 中，也发生了模态混叠。由此可知，EEMD 方法依旧无法避免模态混叠现象的发生。

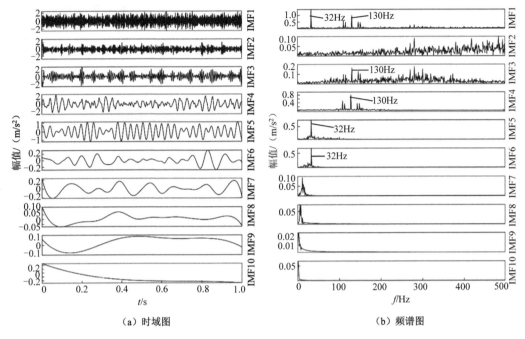

图 6-11　EEMD 方法处理仿真信号的结果

为了测试信噪比对优化 VMD 方法处理的影响，使用信噪比为-4.24dB 的噪声，同时利用 MOPSO 算法对 VMD 参数组合[$k,\alpha$]进行自适应选择，将优化所得的 $k$ 值与 $\alpha$ 值在 VMD 方法中进行设定，结果如图 6-12 所示。

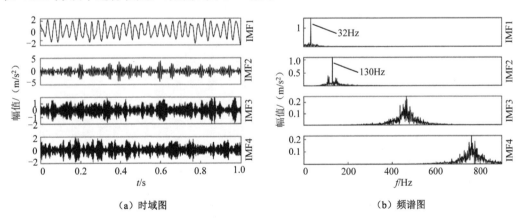

图 6-12　信噪比为-4.24dB，VMD 方法分解仿真信号结果图

由图可知，将仿真信号中信噪比为 1.91dB 的噪声变为信噪比为-4.24dB 的噪声以后，使用 MOPSO 算法处理对 VMD 方法进行参数优化，在处理仿真信号时，分解得到了 4 层固有模态函数：IMF1 与 IMF2 中分别得到了 32Hz 与 130Hz 的故障频率成分，在 IMF3 与 IMF4 中未发现与 280Hz 相关的频率成分。

综上所述，本小节所提方法虽然克服了模态混叠现象的发生，但是其很容易受到噪声的影响。在使用改进后的 VMD 方法处理振动信号之前对强噪声环境下的故障信号进行预处理。这样既消除了强噪声环境带来的干扰，又克服了模态混叠现象的发生，使得滚动轴承早期微弱故障信号可以有效准确地提取。

## 6.3　本　章　小　结

本章在 EMD、EEMD 等自适应分解方法缺陷的基础上引出了 VMD 方法。VMD 方法分解信号时，本征模态函数分解个数 $k$ 和惩罚因子 $\alpha$ 需要预先设定。通常使用试凑法、单目标优化法来确定分解层数 $k$ 以及惩罚因子 $\alpha$，但是采用上述方法得不到最佳的参数组合，以至于 VMD 方法不具有自适应性。因此，本章提出了利用多目标粒子群优化算法（MOPSO）对 VMD 参数进行优化。其步骤是：首先，选用符号动力学熵（SDE）和功率谱熵（PSE）作为 MOPSO 算法的适应度函数；其次，利用 MOPSO 算法进行迭代优化，得到帕累托（Pareto）最优前沿解集；最后，经过归一化处理得到 VMD 参数最优组合 $[k,\alpha]$。

# 第7章 基于自适应混沌灰狼优化算法和 SGMLoG 滤波器的齿轮箱故障诊断

近年来涌现了很多新的复合故障诊断方法，1980 年威金斯（Wiggins）首次将最小熵反褶积（MED）应用到旋转机械的故障诊断中，但是由于其滤波器尺寸选取的问题，该算法有一定局限性。在此基础上，Yao 等[77]通过对 MED 中的参数进行粒子群优化，使其具有自适应性。之后在此基础上发展出了反褶积与模态分解相结合的方法对复合故障特征进行提取。吕轩等[85]通过运用量子遗传算法对最大相关峭度反褶积（MCKD）中的滤波器长度和反褶积周期两个参数进行自适应选取，得到一种自适应的最大相关峭度反褶积（QMCKD）滤波器，对复合故障进行提取，但是 MCKD 滤波器只能对有限个数的脉冲信号进行提取。自回归（autoregression，AR）滤波器在信号处理领域受到了广泛的关注，在时间序列分析、信号建模等方面具有良好的性能[86-88]。胥永刚等[89]通过运用双树复小波包变换（dual-tree complex wavelet transform，DTCWT）与 AR 方法，将复杂的非平稳信号进行分解提取，实现了对复合故障特征信号的分离和故障识别。程卫东等[90]利用 AR 滤波器对变速器的滚动轴承故障进行了有效提取，并对故障位置进行定位。高斯噪声是一类常见的噪声，与之相对应的高斯滤波器克服了传统滤波相移和设计复杂的缺陷，作为一种时频窗面积最小的零相移滤波方法，目前主要运用于图像的边缘化处理方面，在旋转机械故障诊断方面研究甚少[91]。针对高斯滤波器优良的滤波性能，本章运用其对风电齿轮箱进行故障诊断。但传统的高斯滤波器由于参数确定问题不具有自适应性，在进行不同工况风电齿轮箱故障诊断时很容易平滑掉突变信号。

风力方向的多变性及强度的不稳定性，使得风力发电机组的齿轮箱会发生疲劳，由于故障检测的不方便性，风机故障常以多故障相互耦合的方式存在。改进的拉普拉斯高斯（modified Laplacian of Gaussian，MLoG）滤波器可以对多个振动信号进行同时监测，本章运用 MLoG 滤波器对采集到的风电齿轮箱振动信号进行多故障特征提取。MLoG 滤波器中的尺度参数 $\sigma$ 与滑动窗口长度 $m$ 对滤波器的性能有明显影响，为了消除这种影响，本章提出运用以边际包络谱熵（marginal envelope spectral entropy，MESE）为目标函数的混沌灰狼算法来进行参数自适应选取。对风力发电机组的齿轮箱进行振动信号采集时，采用在外壳安装加速度传感器的方式，采集到的振动信号中蕴含大量的背景噪声，而改进的高斯滤波器在抗噪声方面有一定的局限性。为了改善这一缺陷，本章在 MLoG 滤波器的基础上，提出一种基于 Savitzky-Golay 滤波器（又称 SG 滤波器）平滑处理和 MLoG 的齿轮箱复合故障诊断方法（SGMLoG 滤波器）。该方法能够有效减弱噪声对故障特征信号提取的影响。

# 7.1 MloG 滤波器的基本原理

通过平滑背景噪声来检测振动信号的突变，可以通过确定高斯滤波器的二阶导数来获得 LoG 滤波器。一阶高斯滤波器表示如下：

$$G(n) = \frac{1}{\sqrt{2\pi}\sigma} \cdot e^{\left(\frac{-n^2}{2\sigma^2}\right)} \tag{7-1}$$

式中，$\sigma$ 为高斯分布参数；$n$ 是高斯指数。一阶导数表示如下：

$$G'(n) = \frac{-1}{\sqrt{2\pi}} \cdot \frac{n}{\sigma^3} \cdot e^{\left(\frac{-n^2}{2\sigma^2}\right)} \tag{7-2}$$

因为 LoG 滤波器是高斯滤波器的二阶导数，因此对式（7-2）求导数，得到 LoG 滤波器，表示如下：

$$\text{LoG} = G''(n) = \frac{1}{\sqrt{2\pi}} \cdot \frac{1}{\sigma^2} \cdot \left(\frac{n^2}{\sigma^2} - 1\right) \cdot e^{\left(\frac{-n^2}{2\sigma^2}\right)} \tag{7-3}$$

为了提高 LoG 滤波器的运算效率与运算精度，对 LoG 滤波器进行归一化（normalized）处理，表示如下：

$$\text{LoG}_{\text{normalized}} = \frac{\frac{1}{\sqrt{2\pi}} \cdot \frac{1}{\sigma^2} \cdot \left(\frac{n^2}{\sigma^2} - 1\right) \cdot e^{\left(\frac{-n^2}{2\sigma^2}\right)}}{\sum\limits_n e^{\left(\frac{-n^2}{2\sigma^2}\right)}} \tag{7-4}$$

LoG 滤波器可以被认为是振动信号的降噪技术，对于有限冲击响应（FIR）滤波器而言，当滤波器的系数之和趋于零时，它为高通滤波器。高通 FIR 滤波器在低频及零频情况下都不会发生响应，在对振动信号进行高通滤波后可以有效加强振动信号的细节信息，其滤波器阶数及滤波器系数的数量总和为零。因此，本章调整 LoG 滤波器的公式，使滤波器阶数及滤波器系数的数量总和为零，表示如下：

$$\text{MLoG} = \frac{\frac{1}{\sqrt{2\pi}} \cdot \frac{1}{\sigma^2} \cdot \left(\frac{n^2}{\sigma^2} - 1\right) \cdot e^{\left(\frac{-n^2}{2\sigma^2}\right)}}{\sum\limits_n e^{\left(\frac{-n^2}{2\sigma^2}\right)}} - \frac{1}{C}\sum\limits_n \frac{\frac{1}{\sqrt{2\pi}} \cdot \frac{1}{\sigma^2} \cdot \left(\frac{n^2}{\sigma^2} - 1\right) \cdot e^{\left(\frac{-n^2}{2\sigma^2}\right)}}{\sum\limits_n e^{\left(\frac{-n^2}{2\sigma^2}\right)}} \tag{7-5}$$

本章将 LoG 滤波器的最终式（7-5）命名为 MLoG 滤波器。式中，$C$ 表示 MLoG 滤波器的滤波器阶数或滤波器系数的数量。MLoG 滤波器用于振动信号的滤波处理，通过对滤波后的信号求平方，以使振动信号和背景噪声之间的差异最大化。计算具有 $m$ 个样本的滑动窗口长度上的平均值以进行平滑，表示如下：

$$W(i) = \frac{1}{m}\sum\limits_{i}^{i+m-1} Y_1(i) \tag{7-6}$$

式中，$Y_1$ 表示使用 MLoG 滤波器的平方滤波信号。

　　高斯滤波已广泛应用于图像处理领域,如边缘检测。利用高斯掩模的二阶导数对图像进行滤波,求出代表边缘的图像的过零点,使用高斯掩模对输入信号进行平滑,得到二阶导数对图像进行增强,但该算法对图像的突变很敏感,它可以很容易地检测图像边缘。正是因为其在图像处理方面具有良好的滤波性能,本章分析其在风电齿轮箱故障诊断方面的性能显得尤为重要,并且其对滤波后的信号进行平滑处理,使微弱振动信号得以增强,提升故障诊断精度。

　　本章提出一种基于 MLoG 滤波器齿轮箱故障诊断算法。该算法对背景噪声进行平滑处理,使其受到噪声的影响大幅减弱。在使用 MLoG 滤波器对所采集的振动信号进行处理时,其尺度参数 $\sigma$ 与 $m$ 个样本的滑动窗口长度对滤波性能有较大影响。首先,当尺度参数 $\sigma$ 过大时,对故障信号的提取容易出现误诊断,不能对故障信号进行有效识别,降低了故障诊断的精度和效率;当 $\sigma$ 较小时,对故障特征信号的诊断精度较低,对于微弱故障特征信号不能有效提取;其次,$m$ 个样本的滑动窗口长度选取过小,不能很好地对故障信号进行平滑处理;如果 $m$ 选取过大,则会出现过度平滑现象,在强噪环境下会将振动信号的特征平滑掉而保留噪声特征。最后,为了具体说明尺度参数 $\sigma$ 与 $m$ 个样本的滑动窗口长度对 MLoG 滤波器性能的影响,构建一组仿真信号对其进行分析,由于风电齿轮箱发生故障时其故障信号表现形式主要为周期性冲击信号,因此所构造的仿真信号如下:

$$
\begin{cases}
x_1(t) = A_{m1} \times \exp\left(-\dfrac{g}{T_{m1}}\right)\sin(2\pi f_a t) \\
x_2(t) = A_{m2} \times \exp\left(-\dfrac{g}{T_{m2}}\right)\sin(2\pi f_a t) \\
x_3(t) = x_1(t) + x_2(t) + \text{noise}
\end{cases}
\tag{7-7}
$$

式中,$x(t)$ 为周期性冲击信号;$A_{m1}$ 和 $A_{m2}$ 为冲击信号的幅值;$g$ 为阻尼系数;$T_{m1}$ 和 $T_{m2}$ 为冲击信号的周期;$f_a$ 为轴的固有频率。参数设置为 $g=0.1$,$T_{m1}=1/23\text{s}$,$T_{m2}=1/30\text{s}$,$f_a=320\text{Hz}$,对应构建的仿真信号图如图 7-1 所示。

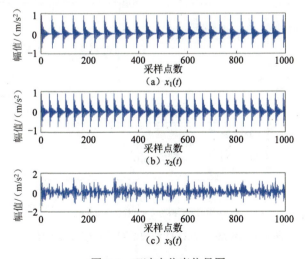

图 7-1　双冲击仿真信号图

为了说明尺度参数 $\sigma$ 对 MLoG 滤波器的影响，分别构建 $\sigma$ 为 0.7、0.9 和 1.5 的三个滤波器来对仿真信号进行滤波，如图 7-2～图 7-4 所示。在分析尺度参数 $\sigma$ 对 MLoG 滤波器性能的影响时，本章采用控制变量法，选取滑动窗口长度 $m$ 为一个定值。由图 7-2 可知，在 $\sigma=0.7$ 时通过滤波器得到的包络谱图中只能对 30Hz 的故障特征频率进行有效提取，对 23Hz 的故障特征频率没有有效提取。由图 7-3 可知，在 $\sigma=0.9$ 时，对两个故障频率都实现了有效提取。由图 7-4 可知，在 $\sigma=1.5$ 时，两个故障特征频率都被有效提取，但是在包络谱分析结果中可以直观发现倍频信息相比于 $\sigma=0.9$ 时数量有一定缩减。

综上所述，当 $\sigma$ 取值过小时，对多故障特征频率没有进行有效提取，甚至可能只提取到一个故障特征频率，造成漏诊，但是由图 7-4 验证可得，尺度参数 $\sigma$ 的取值并不是越大越好。一个合理的尺度参数 $\sigma$ 对 MLoG 滤波器的性能优劣显得尤为重要。

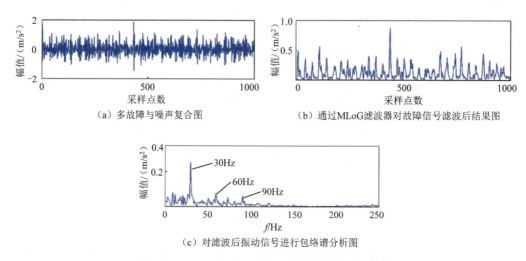

图 7-2　$\sigma=0.7$ 时 MLoG 滤波器对仿真信号提取图

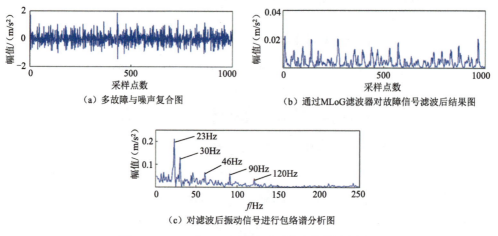

图 7-3　$\sigma=0.9$ 时 MLoG 滤波器对仿真信号提取图

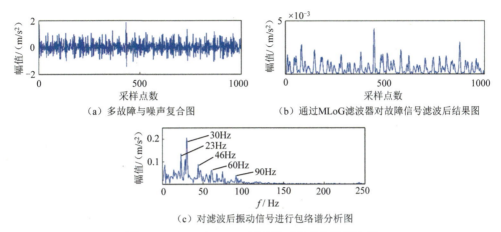

（a）多故障与噪声复合图　　　　（b）通过MLoG滤波器对故障信号滤波后结果图

（c）对滤波后振动信号进行包络谱分析图

图 7-4　$\sigma$=1.5 时 MLoG 滤波器对仿真信号提取图

为了说明 $m$ 个样本的滑动窗口长度对 MLoG 滤波器的影响，分别选取 $m$=1、$m$=5、$m$=15 构建 MLoG 滤波器，并对仿真信号中的故障信号进行提取。同样，本章研究滑动窗口长度 $m$ 对滤波器性能影响时选取尺度参数 $\sigma$ 为一个定值，如图 7-5～图 7-8 所示。由图 7-5 可以直观看出，在 $m$=1 时没有平滑处理能力。由图 7-6 可以直观看出，在 $m$=5 时有直观的平滑效果。图 7-7 为 $m$=15 时 MLoG 滤波器对仿真信号平滑效果图，可以直观看出，在 $m$=15 时对故障信号有了更明显的平滑效果。图 7-8 为 $m$=1、5、15 时平滑处理后包络谱图，在图 7-8（a）中可以看出只能对 30Hz 的故障频率进行有效提取，在图中圆圈处可以看出由于伪分量的原因不能对 23Hz 的故障频率进行有效识别，在图 7-8（b）中可以看出对 23Hz、30Hz 同时实现了有效提取。在图 7-8（c）中可以看出故障特征信号被过度平滑处理，不能有效提取故障信号。综上所述，当 $m$ 个样本的滑动窗口长度取值过小时，对要处理的振动信号并不能进行有效平滑，丧失了滤波器的功能。当 $m$ 个样本的滑动窗口长度取值过大时，滤波器对振动信号进行过度平滑处理，微弱的周期性振动信号也被平滑处理掉，故选取合理的 $m$ 个样本的滑动窗口长度对提高 MLoG 滤波器的精度及效率尤为重要。

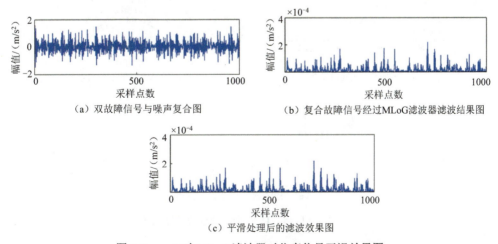

（a）双故障信号与噪声复合图　　　　（b）复合故障信号经过MLoG滤波器滤波结果图

（c）平滑处理后的滤波效果图

图 7-5　$m$=1 时 MLoG 滤波器对仿真信号平滑效果图

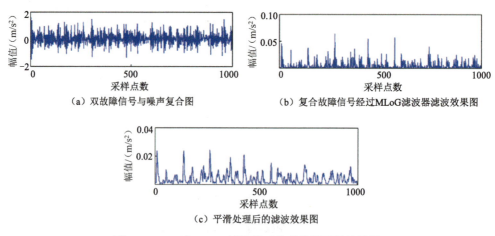

（a）双故障信号与噪声复合图　　　　（b）复合故障信号经过MLoG滤波器滤波效果图

（c）平滑处理后的滤波效果图

图 7-6　*m*=5 时 MLoG 滤波器对仿真信号平滑效果图

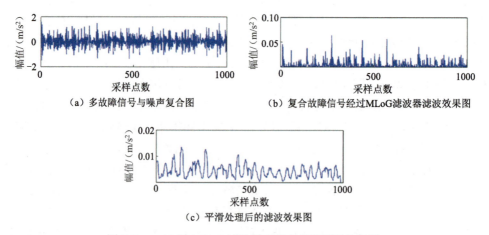

（a）多故障信号与噪声复合图　　　　（b）复合故障信号经过MLoG滤波器滤波效果图

（c）平滑处理后的滤波效果图

图 7-7　*m*=15 时 MLoG 滤波器对仿真信号平滑效果图

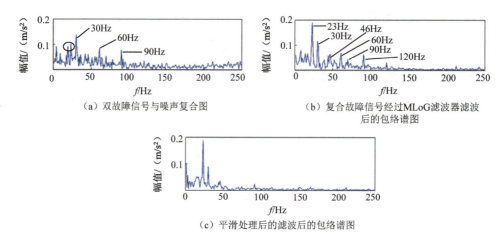

（a）双故障信号与噪声复合图　　　　（b）复合故障信号经过MLoG滤波器滤波
　　　　　　　　　　　　　　　　　　　　　后的包络谱图

（c）平滑处理后的滤波后的包络谱图

图 7-8　*m*=1、5、15 时平滑处理后包络谱图

## 7.2　混沌灰狼优化算法基本原理

近年来，各类智能算法在滤波器的参数优化方面展现了良好的性能。其中，灰狼优化（GWO）算法是一种以灰狼捕猎的过程为寻优模式的一种算法，已经得到了广泛的应用及验证[92]。但是该算法在求解过程中会发生陷入局部最优解的问题，使得到的参数不是全局最优解。本章为了使所确定的高斯滤波器参数更合理，提出一种以边际包络谱熵（MESE）为适应度函数的混沌灰狼优化（continuous gray wolf optimization，CGWO）算法对其进行迭代选取，其原理为将混沌理论引入 GWO 算法中，用于解决原始灰狼优化算法易陷入局部最优解的局限性，增加个体多样性，增大跳出局部最优解的概率和对解空间进行深入的探索。

灰狼优化（GWO）算法是 Mirjalili 等[93]在 2014 年提出的一种新型智能算法，该算法模拟狼群在捕猎过程中的个体任务分配及围猎过程，通过不断的搜寻更新猎物位置，最终找到猎物并对猎物发起围攻行为。在组合问题的优化上，灰狼优化算法的性能要优于现有常见的粒子群算法、引力搜索算法，微分进化算法等[94-96]。但是，灰狼优化算法也有其自身的缺陷，该算法在不断迭代过程中常常由于种群多样性不足而发生局部最优解问题，故本章引入混沌映射理论对原始灰狼算法进行改进。

在灰狼算法中，一般将整个狼群分为 $\alpha$ 狼、$\beta$ 狼、$\delta$ 狼和剩余狼群个体 $\omega$ 四个部分，这四部分的任务分工各不相同，在进行参数优化的过程中，捕猎过程即为寻优过程，最终确定的猎物位置即为最优参数。在整个狼群中，$\alpha$ 狼为头狼，主要任务就是确定捕食何种猎物，并对其余狼的数量和任务进行分工。$\beta$ 狼为备选头狼，当 $\alpha$ 狼发布任务后，其他群体的狼开始执行，将收集的信息直接向 $\beta$ 狼汇报，由 $\beta$ 狼通知 $\alpha$ 狼。$\delta$ 狼的任务是直接领导 $\omega$ 狼群，当 $\omega$ 狼群对猎物进行围捕时对狼群的安全性进行保护。$\omega$ 狼群主要的任务是当头狼发出捕猎信号时，直接行动并对猎物最新位置进行反馈。

狼群在对猎物进行围猎的过程是一个层层递进的系统，负责围捕任务的主要是 $\omega$ 狼群，并且 $\omega$ 狼群会将猎物的最新位置信息及时汇报给 $\beta$ 狼，然后 $\beta$ 狼对信息进行汇总后通知 $\alpha$ 狼，之后 $\alpha$ 狼对信息进行判断并发出信息，使 $\omega$ 狼群向猎物位置移动。当狼群到达指定位置时如果未发现猎物，重复上述步骤让 $\omega$ 狼群继续对猎物进行搜寻。在捕猎过程（即寻优过程）中，$\alpha$ 狼、$\beta$ 狼、$\delta$ 狼距 $\omega$ 狼群的距离分别为 $D_\alpha$、$D_\beta$、$D_\delta$ 以及猎物位置计算如下：

$$\begin{cases} D_\alpha = |C_1 \cdot X_\alpha - X| \\ D_\beta = |C_2 \cdot X_\beta - X| \\ D_\delta = |C_3 \cdot X_\delta - X| \end{cases} \tag{7-8}$$

$$\begin{cases} X_1 = X_\alpha - A_1 \cdot D_\alpha \\ X_2 = X_\beta - A_2 \cdot D_\beta \\ X_3 = X_\delta - A_3 \cdot D_\delta \end{cases} \tag{7-9}$$

式中，

$$A = 2ar_1 - a \qquad (7\text{-}10)$$

$$C = 2r_2 \qquad (7\text{-}11)$$

更新位置为

$$X(l+1) = \frac{X_1 + X_2 + X_3}{3} \qquad (7\text{-}12)$$

式中，$C_1$、$C_2$、$C_3$ 均由式（7-11）计算得出且为常数变量，其目的是分别设置 $\alpha$ 狼、$\beta$ 狼、$\delta$ 狼在搜寻猎物过程中的难易程度；$X_\alpha$、$X_\beta$、$X_\delta$ 分别为 $\alpha$ 狼、$\beta$ 狼、$\delta$ 狼所处的位置；$X$ 为 $\omega$ 狼群所处位置；$X_1$、$X_2$、$X_3$ 为 $\alpha$ 狼、$\beta$ 狼、$\delta$ 狼预估猎物位置；$A_1$、$A_2$、$A_3$ 均由式（7-10）计算得出且为常数变量；$a$ 为收敛因子，在迭代过程中由 2 线性递减到 0；$r_1$、$r_2$ 为[0,1]区间的随机变量，目的是使狼群可以向任意方向搜寻猎物；$X(l+1)$ 为下一代猎物预估的位置。

为了使狼群在搜索范围内可以随意移动，需要调整 $A$ 和 $C$ 的值，当一次搜寻行动结束后，如果没有发现猎物则直接剔除这一区域，使得搜寻范围逐渐减小，通过不断地剔除无效区域，最终得到最优解。GWO 算法在寻优过程中常常会因为种群多样化不足而导致迭代寻优过程缓慢，甚至造成寻优过程陷入局部最优解。现对 GWO 算法的初始化进行改进，利用混沌序列逻辑斯谛（logistic）映射对灰狼种群初始化，丰富灰狼种群的多样性，加快灰狼算法寻优速度[97]。混沌映射对 GWO 算法的收敛速度有积极的影响，因为这些映射在自变量的可行域中引起混沌，混沌仅在很短的初始时间内可预测，而在较长的时间段内是随机的。logistic 模型表达式为

$$x_n = (m_n - l_n)y_n + l_n \qquad (7\text{-}13)$$

式中，$l_n$、$m_n$ 分别为自变量 $x_n$ 定义域最小值和最大值；$y_n$ 为混沌变量。混沌后的初始化种群与不采用混沌的初始化种群相比，种群分布会以相对均匀的方式排布在整个定义域空间，增加了种群的多样性，在算法寻优的过程中，均匀分布的种群更容易在全局搜索中找到最优解。

## 7.3 基于自适应混沌灰狼优化算法和 SGMLoG 滤波器的齿轮箱故障诊断

本章提出基于自适应混沌灰狼优化（CGWO）算法的自适应 MLoG 滤波方法，并将该方法运用于风电齿轮箱故障特征信号的提取过程中。为了使选取的参数最优，目标函数的选取以及优化算法的应用显得尤为重要，准确的目标函数可以加快参数选取的速度和精度。

### 7.3.1 边际包络谱熵

为了使 MLoG 滤波器中尺度参数（$\sigma$）和 $m$ 个样本的滑动窗口的样本长度的选择具有自适应性，本章提出混沌灰狼优化（CGWO）算法对其进行优化，避免人为选择造成误诊断。由于本章所提方法主要应用于强噪工况下风电齿轮箱的故障诊断中，且振动信号主要表现为周期性的脉冲信号，因此在对 MLoG 滤波器自适应性优化的过程中，适应度函数应具备表征其降噪性能和突显周期性脉冲的能力，提出边际包络谱熵（MESE）来评价自适应 MLoG 滤波器的降噪性能，具体原因如下。

边际包络谱熵表示如下：

$$\text{MESE} = -\frac{\left(\sum_{i=1}^{N}\sqrt{|x_i|}\right)^2 \sum_{i=1}^{N} p_i \cdot \ln p_i}{N^2 x_{\text{p}} \ln N} \tag{7-14}$$

式（7-14）中包含了包络谱熵 $H_{\text{e}}$ 和边际指数（marginal index，MI），分别表示如下：

$$H_{\text{e}} = -\frac{1}{\ln N}\sum_{i=1}^{N} p_i \cdot \ln p_i \tag{7-15}$$

式中，$p_i$ 表示包络谱熵的第 $i$ 个点的谱值在整个谱中所占的比重，$i=1,2,\cdots,n$，$n$ 为包络谱点的个数。

$$\text{MI} = \frac{x_{\text{p}}}{\left(\dfrac{1}{N}\sum_{i=1}^{N}\sqrt{|x_i|}\right)^2} \tag{7-16}$$

式中，$x_{\text{p}} = E\big[\max\{x(n)\}\big]$；$N$ 是信号的长度。

包络谱熵对冲击信号的周期性有良好的表征能力。其过程是首先通过 Hilbert 变换提取滚动轴承原始信号的包络；然后对包络信号进行快速傅里叶变换（FFT），得到包络谱；最后对包络谱进行信息熵度量。

包络谱熵计算基本步骤见式（4-29）～式（4-33）。

图 7-9 所示为随着周期性冲击信号脉冲数量的增加，宽带谱熵（broadband spectral entropy，BLS）与 MI 的变化曲线。可以看出，随着脉冲数量的增加，BLS 一直下降，对信号的周期性有良好的表征能力；MI 随着脉冲数量的增加变化幅度很小，说明 BLS 对脉冲个数的敏感度要优于 MI。故本章选取 BLS 作为描述信号脉冲数量的指数。图 7-10 所示为随着噪声强度增大，MI 与 BLS 的变化曲线。可以看出，随着噪声强度变化，MI 变化率大于 BLS，因此本章选取 MI 作为评价噪声强度的指数。为了能同时对信号周期性与噪声强度进行有效评价，本章构建 MESE 对信号进行评价。

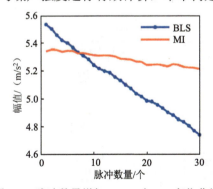 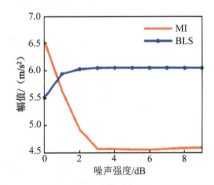

图 7-9　脉冲数量增加，BLS 与 MI 变化曲线图　　图 7-10　噪声强度增大，BLS 与 MI 变化曲线图

图 7-11 所示为 MESE 随着脉冲数量增加的变化曲线，随着脉冲数量的增加其幅值在不断减小；图 7-12 所示为 MESE 随着噪声强度的增加的变化曲线，随着噪声的增大其幅值先逐渐增大然后趋于平稳。由图可知，MESE 对脉冲个数与噪声强度的变化都有很好的表征能力，故本章以此为评价指标来评价 MLoG 滤波器参数选取的优劣。

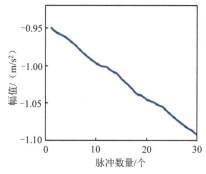 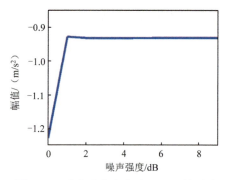

图 7-11　脉冲数量变化对 MESE 的影响　　　图 7-12　噪声强度变化对 MESE 的影响

### 7.3.2　自适应 SGMLoG 滤波器

本章提出以边际包络谱熵为目标函数的半全局块匹配算法（SGMLoG 滤波器），该算法具有参数自适应性，通过 CGWO 算法来实现参数优化，其故障诊断流程图如图 7-13 所示，具体步骤如下：

（1）输入采集的机械振动信号。选定要优化的 SGMLoG 滤波器参数范围，初始化 CGWO 算法参数，包括最大迭代次数和灰狼种群规模。

（2）利用 SGMLoG 滤波器对采集的振动信号进行滤波，计算其适应度 $a$。保存 SGMLoG 滤波器每次迭代的最小适应度。

（3）根据混沌规则更新 $\alpha$ 狼、$\beta$ 狼、$\delta$ 狼的位置，并对较好的智能个体种群进行混沌搜索，更新最优解、次优解和第三优解。

（4）确定是否达到终止条件，如达到，则结束迭代；否则返回步骤（2）继续迭代。

（5）得到并记录最优参数和最小适应度。

（6）利用优化参数的 SGMLoG 滤波器对原始信号进行平滑性处理。

（7）通过包络谱进一步对已处理的信号进行故障特征提取。

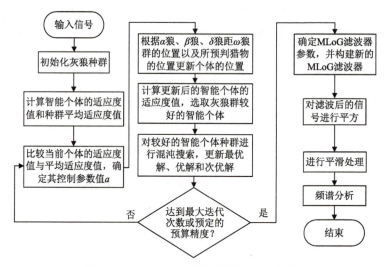

图 7-13　SGMLoG 滤波器故障诊断流程图

### 7.3.3　仿真验证

为了验证所提方法在复合故障检测中的有效性和优越性，构建仿真信号，见式（7-7）。参数设置为 $g=0.1$，$T_{m1}=1/14s$，$T_m=1/100s$，$f_a=260Hz$，对应构建的复合故障仿真信号图如图 7-14 所示。

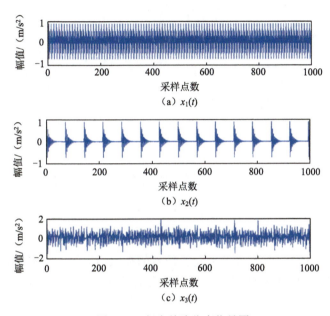

图 7-14　复合故障仿真信号图

本章通过混沌灰狼算法搜索边际包络谱熵最小值确定尺度参数与滑动窗口长度。该算法迭代次数为 50，种群规模为 30 个。本章所提指标在 $m$ 个样本的通过混沌灰狼算法迭代选取过程中，迭代最小值为所选数据，得到的尺度参数为 2.6，滑动窗口长度为 7，迭代收敛图如图 7-15 所示。

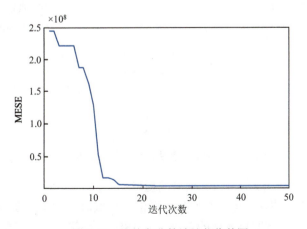

图 7-15　混沌灰狼算法迭代收敛图

　　本章通过构建同样的复合故障仿真信号，并分别使用目前比较常用的反褶积类算法 MED、MOMEDA 以及 AR 滤波器与本章所提方法进行对比，结果如图 7-16～图 7-19 所示。图 7-16 所示为 MED 算法对仿真信号的提取结果图，其中，MED 的滤波器长度为 15[61]。由图可以直观发现，在经过 MED 算法处理后信号的振幅有了一定的加强；MED 算法对复合故障信号中的高频信号有良好的提取能力，但是对低频信号提取效果不佳。

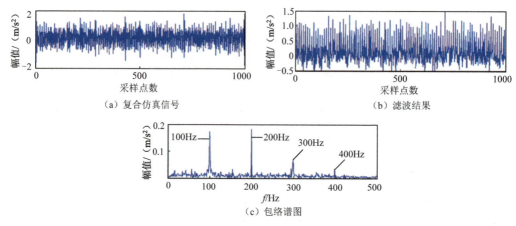

(a) 复合仿真信号　　　　　　　　　　　(b) 滤波结果

(c) 包络谱图

图 7-16　MED 算法对仿真信号提取结果图

　　图 7-17 所示为 MOMEDA 算法对仿真信号的提取结果图，其中 MOMEDA 的滤波器长度为 50。由图可知，MOMEDA 算法对复合信号的诊断分析结果有局限性，它能对高频信息进行有效提取，但是针对低频信息只提取到一个波峰，而且并没有倍频的出现，不能对该频率是否为故障频率进行有效判别。

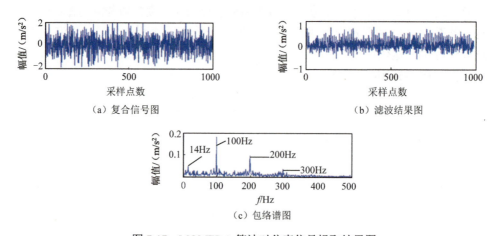

(a) 复合信号图　　　　　　　　　　　(b) 滤波结果图

(c) 包络谱图

图 7-17　MOMEDA 算法对仿真信号提取结果图

　　图 7-18 所示为 AR 滤波器对仿真信号的提取结果图。由图可知，AR 滤波器在高频故障信号提取方面效果明显，但是在低频故障信号提取时发生了诊断错误，低频故障频率为 14Hz，通过 AR 滤波器检查出的单倍频为 18Hz，同样没有更多的倍频出现，不能对低频故障信号进行有效提取。

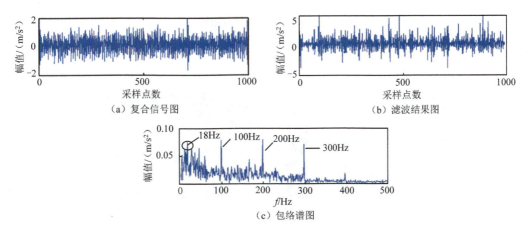

图 7-18　AR 滤波器对仿真信号提取结果图

图 7-19 所示为本章所提方法对复合故障仿真信号的提取结果图。在图中可以直观看出，低频信号 14Hz 和高频信号 100Hz 都被成功提取。由仿真结果可知，本章所提 SGMLoG 滤波器对多故障仿真信号的提取能力优于常用的故障提取反褶积算法 MED、MOMEDA 和 AR 滤波器。

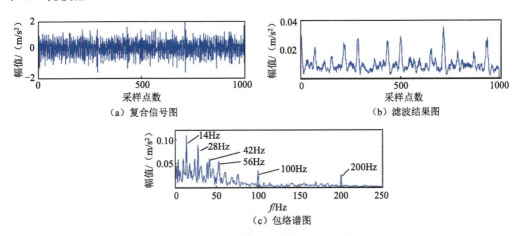

图 7-19　SGMLoG 滤波器对仿真信号提取结果图

### 7.3.4　齿轮箱实测信号分析

为了验证本章所提方法在工程应用上的可行性，将此方法应用于风电齿轮箱复合故障诊断中。采用风电齿轮箱实验台进行实验验证，实验台主要部件包括电动机、风力发电机、加速传感器、数据采集分析仪、齿轮箱等。同时，输出轴的转动频率为 30.24Hz，中间轴的转动频率为 8.19Hz，低速轴的转动频率为 1.8Hz，数据采样频率为 5000Hz，采样频率的选取应满足采样定理。采样点数的选取不宜太少，太少则易导致采样信息不完全，太多则增加计算量，本实验选取采样点数为 2048。通过计算可得故障频率，见表 7-1。本实验中齿轮箱的故障类型为复合故障，故障类型包括轴承内圈剥落，如图 7-20（a）所示；轴承滚动体点蚀，如图 7-20（b）所示。

表 7-1    实验数据中各部件故障频率

| 中间轴转速 $n/(r \cdot min^{-1})$ | 中间轴转动频率 $f_n$/Hz | 内圈故障频率/Hz | 滚动体故障频率/Hz |
|---|---|---|---|
| 491.4 | 8.19 | 84.3 | 27.3 |

（a）轴承内圈剥落              （b）轴承滚动体点蚀

图 7-20    轴承内圈及滚动体故障图

实测所得风电齿轮箱振动信号图如图 7-21 所示。从图中可以看出，内圈故障频率的二倍频、三倍频、四倍频被有效提取，但是滚动体故障特征信号完全没有被提取，故对风电齿轮箱的多故障诊断显得尤为重要。

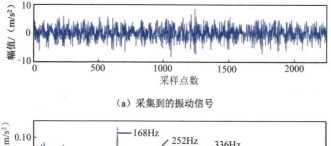

（a）采集到的振动信号

（b）包络谱提取故障信号

图 7-21    实测所得风电齿轮箱振动信号图

图 7-22 所示为对采集到的振动信号通过 MOMEDA 算法进行故障信号提取结果图。图 7-22（a）为采集到的原始信号；图 7-22（b）为原始信号通过 MOMEDA 算法进行反褶积运算得到的故障信号，从图中可以看到有冲击信号被突出；图 7-22（c）为对 MOMEDA 算法处理后的振动信号进行包络谱提取的频域图。从图中可以直观地看出，轴承内圈故障信号被有效提取，但是滚动体故障信号依然被噪声所淹没，没有得到有效提取。

图 7-23 所示为对采集到的振动信号通过 AR 滤波器进行故障信号提取结果图。图 7-23（a）为采集到的风电齿轮箱原始振动信号波形图；图 7-23（b）为对采集到的振动信号进行 AR 滤波器滤波处理得到的结果图；图 7-23（c）为对通过 AR 滤波器滤波处理后的风电齿轮箱振动信号进行包络谱提取的频域图。由图可知，依然只是对轴承内圈故障信号进行了有效提取，对滚动体故障信号提取效果不明显。

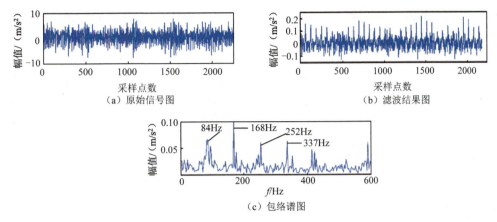

图 7-22　MOMEDA 算法对振动信号进行故障特征提取结果图

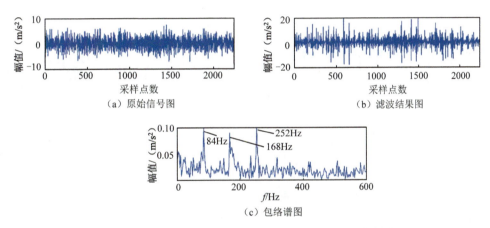

图 7-23　AR 滤波器对振动信号进行故障特征提取结果图

图 7-24 所示为通过 MED 算法对风电齿轮箱实测振动信号进行故障特征提取结果图，MED 算法在对振动信号进行滤波的同时能对冲击信号幅值进行加强作用。图 7-24（a）为采集到的风电齿轮箱原始振动信号图；图 7-24（b）为对采集到的信号通过 MED 反

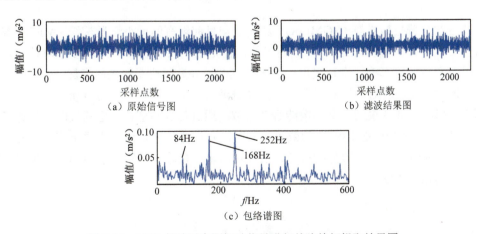

图 7-24　MED 算法对实测振动信号进行故障特征提取结果图

褶积算法进行滤波后的故障信号结果图；图 7-24（c）为对通过 MED 算法滤波处理后振动信号进行包络谱分析提取的频域图。由图中可直观地看出，对轴承内圈故障提取效果明显，对滚动体故障特征信号没有有效提取。

图 7-25 所示为通过本章所提 SGMLoG 滤波器对风电齿轮箱实测振动信号进行故障特征提取结果图，对实验实测信号进行混沌灰狼算法确定其最优参数：尺度参数为 2.4，滑动窗口的样本长度为 9。图 7-25（a）为本实验采集到的风电齿轮箱原始振动信号图；图 7-25（b）为对采集到的振动信号采用 SGMLoG 滤波器进行平滑滤波后的结果图。从图中可以看出，振动信号中所蕴含的噪声已经被大幅削弱；图 7-25（c）为对经过 SGMolG 滤波器平滑滤波后的振动信号进行包络谱处理的频域图。从图中可以看出，滚动体的故障频率被有效提取，该故障的一倍频及二倍频都清楚地显示，并且轴承内圈故障的故障特征信号也被有效提取，达到了风电齿轮箱多故障特征提取的目的。

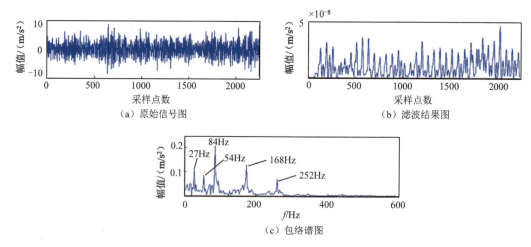

图 7-25    SGMLoG 滤波器对实测振动信号进行故障特征提取结果图

# 7.4  本 章 小 结

改进的拉普拉斯高斯（SGMLoG）滤波器与目前现有的最小熵反褶积（MED）算法和自回归（AR）滤波器相比有一定的优势，但是滑动窗口长度与尺度参数对该方法提取效果会有较大的影响。本章提出一个评价 SGMLoG 滤波器效果的指标——边际包络谱熵，该指标能同时对信号的周期性与高斯滤波方法的降噪性能进行评价，通过该指标的判别，影响滤波效果的两个参数能合理选取，通过仿真验证，提出的边际包络谱熵能够很好地评价 SGMLoG 滤波器的效果。同时，将该方法成功运用于风电齿轮箱复合故障诊断中，通过仿真与实验分析可知，在针对风电齿轮箱多故障提取方面本章所提方法要优于目前常见方法。

# 第8章 基于复合多尺度极差熵的轴承故障特征提取方法

为了实现轴承故障状态的精确识别，需要高效的特征提取方法。传统的故障特征提取方法包括时域法、频域法、时频域法。由于轴承的工作环境恶劣，经常存在间隙与摩擦等非线性因素，其信号包含非线性、非平稳的特征。传统的故障特征提取方法在提取这种信号的故障特征时往往效果不好。熵被认为是检测时间序列复杂度的有效方法，可以测量非线性和非平稳信号的复杂性和不规则性，所以信号的熵分析是获得信号特征的一种有效手段。近些年，熵逐渐被应用在故障诊断领域，包括香农熵、样本熵（sample entropy，SE）、模糊熵（fuzzy entropy，FE）等[98-101]。其中，SE 和 FE 是常用的两种故障特征提取方法。极差熵（range entropy，RE）在 SE 的基础上改进得来，克服了 SE 对信号幅值敏感的缺陷，更适合测量信号的复杂程度[102]。

虽然 RE 对信号的幅值变化不太敏感，但是其只能从一个角度来对信号进行分析。多尺度极差熵（multiscale range entropy，MRE）通过多尺度粗粒化过程将 RE 扩展到多个时间尺度，可以从多个角度对信号进行分析[103]。然而，MRE 在同一尺度因子的条件下只考虑了一种粗粒化序列。为了解决这个问题，本章提出考虑所有粗粒度时间序列的复合多尺度极差熵（composited multiscale range entropy，CMRE）。

## 8.1 多尺度极差熵

多尺度极差熵（MRE）可以看作不同尺度下时间序列的极差熵（RE）的集合。RE是在近似熵与样本熵的基础上提出来的，其通过计算一组时间序列的离散程度来衡量信号的复杂度，极差熵对信号的长度与幅值变化不敏感，具有很强的稳定性。它的计算过程如下。

（1）进行相空间重构，对于给定的一个长度为 $N$ 的时间序列 $X = \{x_1, x_2, x_3, \cdots, x_N\}$，按照其原有排序选取 $m$ 个数据点作为一个新的状态序列 $Z_i^{m,t}$，从而得到相空间 $V_x$：

$$Z_i^{m,t} = \{x_i, x_{i+1}, x_{i+2t}, \cdots, x_{i+(m-1)t}\} \quad (i = 1, 2, \cdots, N-(m-1)t) \tag{8-1}$$

式中，$m$ 为嵌入维度；$t$ 为延迟时间。当 $t$ 取 1 时，原始序列就被划分为 $m$ 个新的序列 $Z_i^m$，即

$$Z_i^m = \{x_i, x_{i+1}, x_{i+2}, \cdots, x_{i+m-1}\} \quad (i = 1, 2, \cdots, N-m+1) \tag{8-2}$$

（2）将式（8-2）中的每个 $Z_i^m$ 作为模板，在重构相空间中搜索相邻样本。引入自相似度评估中的重标极差分析思想计算模板距离：

$$\begin{cases} d_{\text{range}}\left(Z_i^m, Z_j^m\right) = \dfrac{\max\limits_k \left|x_{i+k} - x_{j+k}\right| - \min\limits_k \left|x_{i+k} - x_{j+k}\right|}{\max\limits_k \left|x_{i+k} - x_{j+k}\right| + \min\limits_k \left|x_{i+k} - x_{j+k}\right|} \\ k = 0,1,2,\cdots,m-1; \quad j = 1,2,3,\cdots,N-M, \quad j \neq i \end{cases} \tag{8-3}$$

（3）统计符合条件的模板的数目 $B_i^m(\gamma)$，即

$$\begin{cases} B_i^m(\gamma) = \sum\limits_{j}^{N-m} \psi\left(\gamma - d_{\text{range}}\left(Z_i^m, Z_j^m\right)\right) \\ j = 1,2,3,\cdots,N-M, \quad j \neq i \end{cases} \tag{8-4}$$

式中，$\psi(\cdot)$ 为赫维赛德（Heaviside）函数；$\gamma$ 是相似容限，是一个需要提前设定的参数。其计算过程如下：

$$\psi\left(\gamma - d_{\text{range}}\left(Z_i^m, Z_j^m\right)\right) = \begin{cases} 0, & \gamma - d_{\text{range}}\left(Z_i^m, Z_j^m\right) < 0 \\ 1, & \gamma - d_{\text{range}}\left(Z_i^m, Z_j^m\right) \geqslant 0 \end{cases} \tag{8-5}$$

（4）将每一个 $B_i^m(\gamma)$ 相加并平均，从而得到 $B_m^\gamma$：

$$B_m^\gamma = \frac{1}{N-m} \sum_{i=1}^{N-m} B_i^m(\gamma) \tag{8-6}$$

（5）令 $m = m+1$，即数据长度增加一个，重复上述过程计算得到 $B_{m+1}^\gamma$，然后计算极差熵：

$$\text{RE} = -\ln \frac{B_{m+1}^\gamma}{B_m^\gamma} \tag{8-7}$$

（6）对于 $X = \{x_1, x_2, x_3, \cdots, x_N\}$，首先根据式（8-8）进行粗粒化操作，这种粗粒化过程可以理解为简单的平均计算：

$$y_j^{(\tau)} = \frac{1}{\tau} \sum_{i=(j-1)\tau+1}^{j\tau} x_i \qquad \left(1 \leqslant j \leqslant \frac{N}{\tau}\right) \tag{8-8}$$

式中，$\tau = 1,2,\cdots,n$ 是尺度因子；$y_j^{(\tau)}$ 是长度为 $N/\tau$ 的粗粒化时间序列。特殊地，当 $\tau=1$ 时，$y_j^{(\tau)}$ 为原始时间序列。

（7）计算相同参数下每个粗粒化时间序列的 RE 值，将计算所得的所有 RE 值按照顺序排列就构成了 MRE。

## 8.2　复合多尺度极差熵

MRE 从多个角度衡量振动信号的复杂度，能够获得充足的故障特征信号。然而，在 MRE 的粗粒化处理过程中只考虑了一种粗粒化序列，这样计算得到的特征信息仍然不够全面。针对这一缺陷，本章在 MRE 的基础上提出了复合多尺度极差熵（CMRE）。CMRE 通过复合粗粒化的方式优化 MRE 的计算过程中单一粗粒化方式的不足，CMRE 方法对原始信号的预处理过程，即复合粗粒化过程是在 MRE 方法的基础上进一步细化。在求尺度因子为 $\tau$ 的 CMRE 时先将原始信号按初始点分别为 $[1, r]$ 连续地分割成长度为 $r$ 的小

段并求每个小段的平均值,再将这些平均值按顺序排列作为一个粗粒化序列,共得到 $r$ 个粗粒化序列。在分别计算这 $r$ 个粗粒化序列的极差熵值之后求取它们的平均值,得到该尺度下的 CMRE 值。

综上所述,本章提出的 CMRE 考虑了同一尺度下粗粒化过程的所有可能情况,具有更全面的粗粒化处理过程,具有比 MRE 更全面的表征信号特征的能力。CMRE 的计算过程如下。

(1) 对于一个给定的长度为 $N$ 的时间序列 $X=\{x_1,x_2,x_3,\cdots,x_N\}$,CMRE 的粗粒化时间序列为 $y_k^{(r)}=\left\{y_{k,1}^{(r)},y_{k,2}^{(r)},y_{k,3}^{(r)},\cdots,y_{k,p}^{(r)}\right\}$,其计算公式如下:

$$y_{k,j}^{(r)}=\frac{1}{\tau}\sum_{i=(j-1)\tau+k}^{j\tau+k-1}x_i\qquad\left(1\leqslant j\leqslant\frac{N}{\tau},1\leqslant k\leqslant\tau\right)\qquad(8\text{-}9)$$

(2) 对于每个尺度因子 $\tau$,计算每个粗粒化时间序列 $y_k^{(r)}(1\leqslant k\leqslant\tau)$ 的 RE。计算每个尺度因子 $\tau$ 的所有 $k$ 个 RE 值的平均值,得到每个尺度因子的 CMRE:

$$\mathrm{CMRE}\left(Z_i^m,m,r,\tau\right)=\frac{1}{\tau}\sum_{k=1}^{\tau}\mathrm{RE}\left(y_k^{\tau},m,r\right)\qquad(8\text{-}10)$$

之后,所有的熵值都可以被看作尺度因子 $\tau$ 的函数。从理论上来讲,同一尺度下的不同粗粒化时间序列应该具有相似性。CMRE 与 MRE 的重要区别在于 CMRE 计算同一尺度下所有粗粒化时间序列的熵值并求其平均值作为最终结果,MRE 只计算第一个粗粒化时间序列的熵值。所以,CMRE 用来提取信号的特征具有更好的效果。图 8-1 给出了 CMRE 的计算过程。图 8-2 给出了 $\tau=2$ 和 $\tau=3$ 的 CMRE 的粗粒化过程。

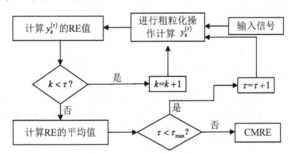

图 8-1　计算 CMRE 的流程图

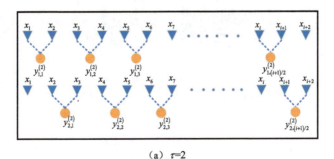

(a) $\tau=2$

图 8-2　CMRE 的粗粒化过程

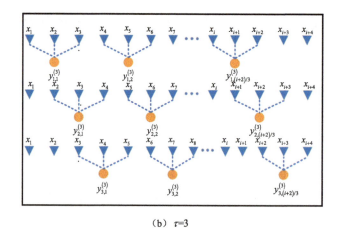

（b）$\tau=3$

图 8-2（续）

# 8.3 仿 真 分 析

如果嵌入维度 $m$ 太小，则重构的向量将包含太少的模板进行匹配，这将导致算法失去有效性，并且无法准确检测时间序列的动态变化。但是，如果 $m$ 太大，则相空间中的重构会使时间序列均匀化，这样不能反映时间序列的细微变化。因此，一般而言，将嵌入维度设置为 $1 \leqslant m \leqslant 4$。

## 8.3.1 关于嵌入维度的影响分析

为了研究嵌入维度 $m$ 对 CMRE 的影响，本章使用常见的高斯白噪声和 $1/f$ 噪声对 CMRE 进行分析。两种噪声的数据长度都为 2048，图 8-3 给出了两种噪声的时域图。虽然白噪声与 $1/f$ 噪声在时域中都是随机的，但是白噪声的功率谱密度平行于水平轴，并且与频率无关。与高斯白噪声相比，$1/f$ 噪声在局部状态下是无序的，但在宏观上具有一定的相关性，并且其功率谱密度与频率成反比。

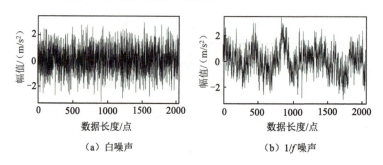

（a）白噪声 （b）$1/f$ 噪声

图 8-3 两种噪声的时域图

为了体现本章提出的 CMRE 的优势，将 CMRE 与 MRE 的嵌入维度设置为 $m=1 \sim 4$，并进行对比，对比结果如图 8-4 所示。其他参数为 $\tau_{max}=25$，$\gamma=0.2SD$，其中，$\tau_{max}$ 为设置的最大尺度因子；$\gamma$ 为相似容差，设置为信号标准差的 20%；SD 表示信号的标准差。

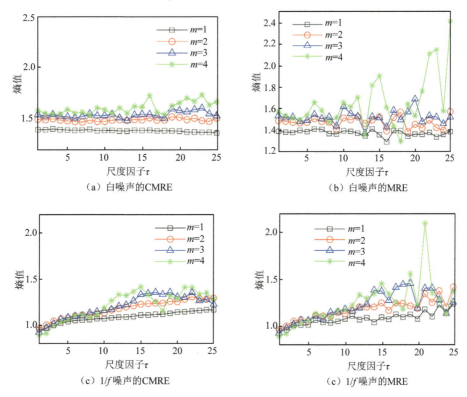

（a）白噪声的CMRE　　　　　　　　（b）白噪声的MRE

（c）1/f 噪声的CMRE　　　　　　　　（c）1/f 噪声的MRE

图 8-4　不同嵌入维度下两种噪声的 CMRE 与 MRE

从图 8-4 中可以看出，当嵌入维度相同时，在 1/f 噪声下的各个尺度的 CMRE 值比在白噪声下的各个尺度的 CMRE 值要小，这是由于 1/f 噪声在宏观上具有相关性，因此其复杂度较低。在白噪声下的各个尺度的 CMRE 值浮动不大，熵值十分接近（尤其是 $m=1\sim3$ 时）。在 1/f 噪声下的各个尺度的 CMRE 值则呈增长趋势，各个尺度的熵值差别较大，这是因为在局部状态下，1/f 噪声表现得更无序。在两种噪声下 MRE 也表现出这样的性质。通过图 8-4（a）与（b）的对比可以看出，在仿真信号为白噪声的前提下，当嵌入维度 $m$ 增大时，前 15 个尺度的 CMRE 值与 MRE 值会相应增大，并且在设置相同嵌入维度时，CMRE 各个尺度的熵值差异很小，而 MRE 各个尺度的熵值差异较大（尤其是 $m=2\sim4$ 时）。通过图 8-4（c）与（d）的对比可以看出，在仿真信号为 1/f 噪声的条件下，当 $m$ 相同时，CMRE 与 MRE 的各个尺度的熵值大体都呈增大的趋势，并且这种趋势在 $m=1$ 与 $m=2$ 的 CMRE 的结果中表现得更加明显，而 MRE 各个尺度的熵值会呈现较小的高低起伏。此外，在两种噪声下，MRE 对于嵌入维度的改变表现得更敏感，随着 $m$ 的增大，MRE 曲线出现明显的上下波动，而 CMRE 的曲线未见明显的上下波动（$m=4$ 除外），这表明 CMRE 的稳定性更好。总的来说，本章提出的 CMRE 在衡量信号的复杂度上表现得更为优越。从图 8-4（a）中可以看出，当 $m=1$ 时，CMRE 各个尺度下的熵值十分接近，这表示当 $m=1$ 时检测信号的动态变化存在困难，同时基于减小计算量的考虑，将嵌入维度设置为 2。

### 8.3.2 关于相似容差的影响分析

为了研究相似容差 $\gamma$ 对熵值的影响，利用 8.3.1 节中的两种噪声展开研究。相似容差 $\gamma$ 主要控制模板匹配。一般来说，$\gamma$ 太大会导致模板匹配操作困难，从而导致大量的统计信息丢失；$\gamma$ 设置太小，会使估计的统计特性效果不准确。为了研究相似容差 $\gamma$ 对 CMRE 的影响，依照控制变量法的思想，本章将 MRE 与 CMRE 的相似容差设置为 $\gamma = 0.1\text{SD} \sim 0.25\text{SD}$ ，并进行对比，其他参数为 $\tau_{\max} = 25, m = 2$ 。其中，$\tau_{\max}$ 为最大尺度因子，$m$ 为嵌入维度，对比结果如图 8-5 所示。

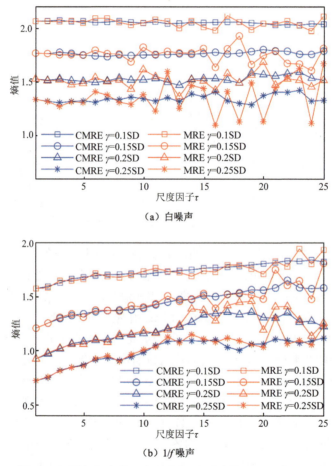

（a）白噪声

（b）$1/f$噪声

图 8-5　不同相似容差下白噪声与 $1/f$ 噪声的 CMRE 与 MRE

从图中可以看出，两种噪声下的 CMRE 与 MRE 的各个尺度的熵值都随着相似容差 $\gamma$ 的增大而减小，但 CMRE 与 MRE 曲线的趋势并没有因为 $\gamma$ 的变化而改变。此外，在相似容差相同时，CMRE 与 MRE 的各个尺度的熵值差异不大。此外，如图 8-5（a）所示，随着 $\gamma$ 的变化，白噪声下的 MRE 曲线出现了明显的波动，而 CMRE 的曲线未见明显的波动，其表现得更为平稳。总的来说，当仿真信号为白噪声时，$\gamma$ 取不同的值，CMRE 各个尺度的熵值差异不大。当仿真信号为 $1/f$ 噪声求熵值时，$\gamma$ 取不同的值，CMRE 的各个尺度熵值呈递增的趋势。

### 8.3.3　关于信号幅值的影响分析

为了研究信号幅值对熵值的影响，利用了 8.3.1 节中的两种噪声展开研究。仿真信号通过在原噪声信号序列上整体乘以 2、3、4 得到，最终计算得到的熵值结果如图 8-6 所示。其中，图 8-6（a）与（b）是不同幅值下白噪声的 CMRE 与 MRE 计算结果，图 8-6（c）与（d）是不同幅值下 1/f 噪声的 CMRE 与 MRE 计算结果。从图中可以看出，无论是 CMRE 还是 MRE，其各个尺度的熵值并没有随着幅值的变化而变化。综上所述，CMRE 与 MRE 的熵值不会因为幅值的变化而变化，这是由于极差熵在样本熵的基础上通过改进模板距离衡量条件，从而使极差熵对于幅值的变化不敏感。

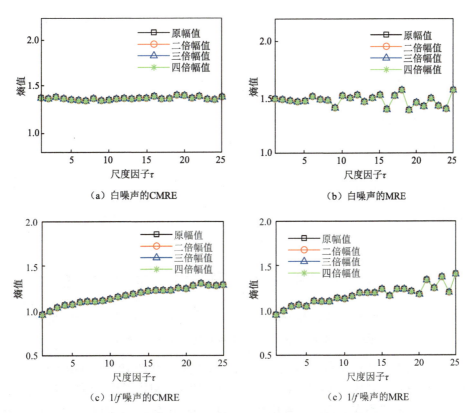

图 8-6　不同幅值下白噪声与 1/f 噪声的 CMRE 与 MRE

### 8.3.4　关于信号长度的影响分析

为了研究数据长度 $N$ 对熵值的影响，使用高斯白噪声与 1/f 噪声进行仿真分析。本章将 MRE 与 CMRE 的参数设置为 $m=2$、$\gamma=0.2\mathrm{SD}$、$\tau=25$，数据长度分别为 1024、2048、4096 和 8192，两种噪声的时域图如图 8-7 所示。

不同长度的信号分别取图 8-7 中的前 1024 个点、前 2048 个点、前 4096 个点与前 8192 个点获得，最终的熵值计算结果如图 8-8 所示。

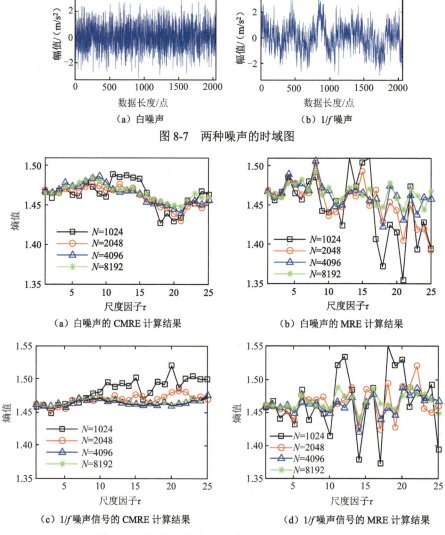

图 8-7　两种噪声的时域图

图 8-8　不同信号长度下两种噪声的 CMRE 与 MRE

　　从总体上来讲，在长度为 1024 个点时，两种噪声下的 CMRE 与 MRE 都与其他长度的计算结果有较大差异。通过图 8-8（a）与（b）的对比可以看出，白噪声下的 CMRE 对于信号长度的变化不太敏感，信号长度为 2048、4096 与 8192 的 CMRE 的计算结果十分接近。图 8-8（b）中，白噪声下的 MRE 对于信号长度的变化表现得比较敏感，对于信号长度的改变各个尺度熵值变化较大。同样地，在图 8-8（c）与（d）的对比中也可以发现，1/f 噪声下的 MRE 对于信号长度的变化比 CMRE 对于信号长度的变化表现得更加敏感。

　　综上所述，信号长度的变化对于 CMRE 的计算结果影响不大，CMRE 比 MRE 具有更强的稳定性。另外，基于尽可能地减少信号长度对熵值结果的影响与减少单个样本的信号长度这两个角度考虑，信号长度设置 2048 个点是比较合理的。

　　在仿真分析的最后，为了进一步凸显本章提出的 CMRE 的优势，分别构建 100 组高斯白噪声和 100 组 1/f 噪声（每组噪声的数据长度为 2048）来计算 MRE 与 CMRE。
CMRE 与 MRE 的参数设置完全相同，分别为 $m=2$，$\gamma=0.2\text{SD}$，$\tau_{\max}=25$。然后计算 100
组噪声的 CMRE 与 MRE 的各个尺度熵值的变异系数[104]。图 8-9 给出了 CMRE 与 MRE
的变异系数的计算结果。从图中可以看出，在两种噪声下，CMRE 各个尺度熵值的变异
系数明显小于同一尺度下 MRE 的变异系数（第一个尺度的熵值除外）。因此，本章提出
的 CMRE 方法在信号复杂度的计算上可以比 MRE 方法获得更准确的结果，并且适合检
测信号的动态变化。

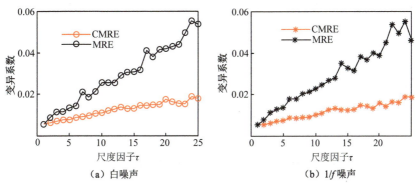

图 8-9　在两种噪声下 CMRE 与 MRE 的变异系数

## 8.4　案 例 分 析

本章实验数据是由美国凯斯西储大学提供的轴承数据[105]。轴承信号共有三种状态，
分别为正常、外圈故障与内圈故障，轴承信号的相关信息如表 8-1 所示。图 8-10 所示是
三种状态轴承信号的时域图，从上到下分别是正常没有故障的轴承信号，具有外圈故障
的轴承信号与具有内圈故障的轴承信号，三种轴承信号分别取 2048 个点。从图中可以看
出，具有外圈故障的轴承信号幅值最小，具有内圈故障的轴承信号幅值最大。图 8-11 给
出了对应于图 8-10 中三种轴承信号的 MRE 计算结果，MRE 的参数设置：$m=2$，
$\gamma=0.2\text{SD}$。从图中可以看出，三种状态的轴承信号在前 9 个尺度的熵值有一个比较明
显的区分度，而在第 9 个尺度后，对应于三种状态信号熵值的三条曲线交叉在一起很
难将其区分。

表 8-1　轴承状态与标签

| 状态 | 采样频率/Hz | 负载/lb | 简写 |
|---|---|---|---|
| 正常 | 97656 | 270 | Normal |
| 外圈故障 | 48828 | 25 | OR |
|  | 48828 | 250 |  |
| 内圈故障 | 48828 | 100 | IR |
|  | 48828 | 300 |  |

注：1 lb=0.453592kg。

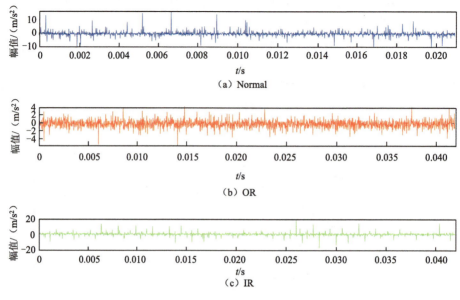

图 8-10    不同状态轴承信号时域图

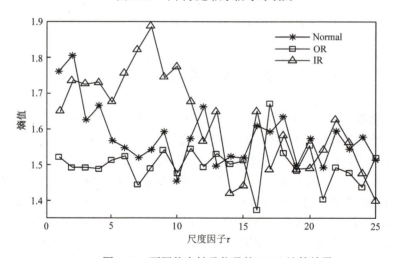

图 8-11    不同状态轴承信号的 MRE 计算结果

图 8-12 为对应于图 8-10 中三种轴承信号的 CMRE 的计算结果，其参数设置与 MRE 的参数设置相同。可以看出三种轴承状态的熵值在各个尺度都有较高的区分度，尤其是正常状态轴承信号的 CMRE 与具有外圈故障的 CMRE 的曲线很容易区分开来。与图 8-11 相比，CMRE 可以更好地区分轴承状态，这样对于最终故障状态的精确识别十分有利。另外，可以看出具有外圈故障的轴承信号在大部分尺度有一个较低的熵值（第 14 个、15 个、23 个尺度除外），这是由于轴承的外圈固定在轴承座上，振动信号的冲击特性是单一且简单的，因此其自相似性和规律性最明显，它的复杂度也最低，计算得出的熵值也最小。

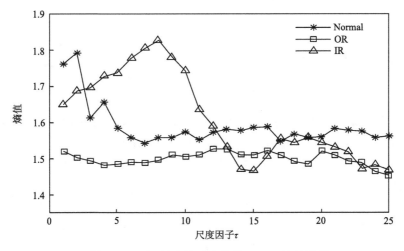

图 8-12　不同状态轴承信号的 CMRE 计算结果

## 8.5　本 章 小 结

本章在多尺度极差熵（MRE）的基础上提出了复合多尺度极差熵（CMRE），将复合多尺度极差熵作为一种轴承故障特征提取方法。复合多尺度极差熵考虑了同一个尺度下所有可能的粗粒化序列，计算这些粗粒化序列的熵值后再求平均数，将求得的平均数作为最终该尺度下的熵值。通过构建的仿真信号分析了参数对于熵值的影响，并通过与多尺度极差熵的对比，定性分析地提出了复合多尺度极差熵在衡量信号复杂度方面的优势，对于参数的改变提出的复合多尺度极差熵表现得更加稳定。通过凯斯西储大学的轴承数据与轴承寿命预测实验台的轴承数据，采用控制变量法，定量分析了复合多尺度极差熵的优势，将从轴承信号计算得到的复合多尺度极差熵与多尺度极差熵分别输入同一分类器中，故障提取方法为复合多尺度极差熵的方法最终可以获得更高的分类精度。所以，提出的复合多尺度极差熵可以更好地提取轴承故障特征。

# 第9章　基于 MLMALMMo-0 的滚动轴承故障识别

在轴承的智能故障诊断中，具有良好性能的分类方法对于实现故障种类的精确识别十分重要。第 8 章利用提出的复合多尺度极差熵（CMRE）从原始轴承信号中提取了多个尺度的熵值，在提取故障特征后的下一步也是最重要的一步是将其输入分类器进行故障种类的识别与分类。

分类是当前机器学习研究的一个重要方向，近些年机器学习的各种方法都被用在故障诊断领域。例如，K-最近邻（K-nearest neighbour，KNN），最小二乘支持向量机（least square support vector machine，LSSVM），核极限学习机（kernel extreme learning machine，KELM）等[106-109]。

零阶自主学习多模型分类器（autonomous learning multi-model classifier of 0-order，ALMMo-0）具有无参数、分类效率高、计算过程简单易懂的优点[110]。ALMMo-0 自从 2017 年被提出以来，国内外学者还没有将其运用在故障诊断领域。其在训练阶段挑选了多个代表类别的原型，并且在挑选原型时，不同类别的原型之间不会产生影响，提高了故障分类的可解释性。然而，在测试阶段对测试样本进行分类时，测试样本的分类精度完全依赖于每个类别中具有最大相似度的原型，没有考虑同一类别中其他原型对测试样本的作用，这样可能会对最终的分类精度产生影响。本章首先将其应用在轴承的状态识别上，然后对 ALMMo-0 进行改进，提出基于多局部均值的零阶自主学习多模型分类器（autonomous learning multi-model classifier of 0-order based on multi-local mean，MLMALMMo-0）[111-112]。本章提出的 MLMALMMo-0，不仅考虑了同一类别中其他原型对测试样本的分类影响，而且能够赋予不同原型在测试样本的分类时不同的影响权重。

## 9.1　零阶自主学习多模型分类器

零阶自主学习多模型分类器（ALMMo-0）是一种高效的模糊规则分类器，由数据本身具有代表性的样本（原型）来构造模糊规则，并以此为基础对输入的样本进行分类。它的分类过程包含训练阶段和测试阶段两个过程。

### 9.1.1　训练阶段

训练阶段用于挑选各个类别样本中的原型并构建属于各个类别的模糊规则，其作用是对输入的测试样本进行分类，具体过程如下：

（1）对每个输入的样本 $x$ 进行归一化，即

$$\frac{x}{\|x\|} \to x \tag{9-1}$$

假设新的数据样本是第 $i$ 类的第 $k$ 个样本，则将其归一化的形式表示为 $x_k^i$。

（2）计算在输入第 $i$ 类的第 $k$ 个样本时的局部平均 $u_k^i$ 和对应的平均标量积 $X_k^i$：

$$u_k^i = \frac{k-1}{k} u_{k-1}^i + \frac{1}{k} x_k; \quad \mu_1^i = x_1^i \tag{9-2}$$

$$X_k^i = \frac{k-1}{k} X_{k-1}^i + \frac{1}{k} \|x_k\|^2; \quad X_1^i = \|x_1^i\|^2 \tag{9-3}$$

（3）在计算局部平均与对应的平均标量积之后，计算该样本对应的单模密度 $D_k$：

$$D_k\left(x_k^i\right) = \frac{1}{1 + \dfrac{\|x_k^i - \mu_k^i\|^2}{X_k^i - \|\mu_k^i\|^2}} \tag{9-4}$$

（4）判断 $x_k^i$ 是不是一个原型（数据云中心），如果 $x_k^i$ 的单模密度是一个极值，则将其看作一个原型，即

$$D_k\left(x_k^i\right) > \max_{j=1,2,\cdots,P^i}\left(D_k\left(x_j^{*i}\right)\right)\left(或 D_k\left(x_k^i\right) < \min_{j=1,2,\cdots,P^i}\left(D_k\left(x_j^{*i}\right)\right), x_k^i \in \{P\}^i\right) \tag{9-5}$$

式中，$x_j^{*i}$ 是一个原型；$P^i$ 是原型个数；$\{P\}^i$ 是第 $i$ 类别原型的集合。这里需要注意的是每个类别中的第一个样本都被默认为一个原型，即有 $x_1^i \in \{P\}^i$。

（5）如果满足式（9-5），则围绕 $x_k^i$ 形成一个新的数据云/模糊规则。相应地更新元参数：

$$P^i + 1 \to P^i, \quad x_k^{*i} \to x_{P^i}^{*i}, \quad 1 \to M_{P^i}^{*i}, \quad r_o \to r_{P^i}^{*i} \tag{9-6}$$

式中，$M_{P^i}^{*i}$ 是数据云中包含的元素个数；$r_{P^i}^{*i}$ 是影响区域的半径；$r_o = \sqrt{2\left(1 - \cos\left(15°\right)\right)}$，总体来说，$r_o$ 定义了数据云吸引范围。

（6）若 $x_k^i$ 不满足式（9-5），即 $x_k^i$ 不是一个原型，继续判断 $x_k^i$ 是否满足式（9-7）。若满足，则将 $x_k^i$ 分配给最近的数据云中心，构成该数据云的一个元素：

$$\|x_k^i - x_N^{*i}\| \leqslant r_N^{*i}, \quad x_N^{*i} = \underset{(j=1,2,\cdots,P^i)}{\operatorname{argmin}}\left(\|x_k^i - x_j^{*i}\|\right) \tag{9-7}$$

式中，$x_N^{*i}$ 表示最近的数据云的中心点（原型）。

（7）如果 $x_k^i$ 满足式（9-7），则将数据云的元参数更新为

$$\frac{M_N^{*i}}{M_N^{*i}+1} x_N^{*i} + \frac{1}{M_N^{*i}+1} x_k^i \to x_N^{*i}, \quad M_N^{*i}+1 \to M_N^{*i}, \quad \sqrt{\frac{\left(\left(r_N^{*i}\right)^2 + \left(1 - \|x_N^{*i}\|^2\right)\right)}{2}} \to r_N^{*i} \tag{9-8}$$

（8）若 $x_k^i$ 既不满足式（9-5），也不满足式（9-7），则将 $x_k^i$ 定义为一个新的原型，并按照式（9-6）更新相应元参数。

### 9.1.2　测试阶段

在输入的训练样本完成训练过程后，就进入 ALMMo-0 的测试阶段。假设测试样本的集合为 $\{z_1, z_2, \cdots, z_v\}$，判断其中任意一个样本 $z_k$ 的类别，具体过程如下。

（1）计算每个类别中各个原型与该测试样本的相似度（similarity）。相似度计算如下：

$$\text{similarity} = e^{-d^2(z_k, x_j^*)} \qquad \left( x_j^* \in \{P\}^i, \quad i = 1, 2, \cdots, C, \quad k = 1, 2, \cdots, v \right) \tag{9-9}$$

式中，$v$ 是测试样本的总数。

（2）将该测试样本分类为具有最大相似度的类别：

$$\text{label}(z_k) = \arg\max_i \text{similarity}(z_k, x_j^*) \tag{9-10}$$

## 9.2　基于多局部均值的零阶自主学习多模型分类器（MLMALMMo-0）

MLMALMMo-0 与 ALMMo-0 的区别发生在测试阶段。MLMALMMo-0 的测试阶段的计算过程如下：

（1）利用式（9-9）计算同一类别中各个原型与该测试样本的相似度，并将相似度的计算结果按照从大到小的顺序排列。

（2）依照步骤（1）得到的相似度排序结果将其对应的原型进行排序，也就是说与测试样本 $z_k$ 相似度大的原型被排序在前面；反之，与测试样本 $z_k$ 相似度小的原型被排序在后面，排序后的原型集合表示为 $\{P^R\}^i$。

（3）按照式（9-11）计算排序后第 $i$ 个类别中原型的多个局部平均值：

$$a_m^i = \frac{1}{m} \sum_{h=1}^{m} p_h^R \qquad (i = 1, 2, \cdots, C) \tag{9-11}$$

式中，$1 \leq m \leq n$，$n$ 是自己设定的一个值，但是不能比所有类别中的最小原型数大，即 $n \leq \min(P^i)$。可以看出，$n$ 是局部平均值 $a_m^i$ 的最大个数，并且 $a_1^i = P_1^R$。

（4）通过引入调和平均值的概念来计算调和平均差异度，首先介绍调和平均值的概念：假设有一个含有 $n$ 个元素的样本集 $\{y_1, y_2, \cdots, y_n\}$，其调和平均值计算如下：

$$\text{HM}(\{y_1, y_2, \cdots, y_n\}) = \frac{n}{\sum_{m=1}^{n} \frac{1}{y_m}} \tag{9-12}$$

可以看出调和平均值与集合 $\{y_1, y_2, \cdots, y_n\}$ 中拥有最小值的元素关系更大。然后给出差异度的计算过程，差异度的计算如下：

$$\text{diversity} = e^{d^2(z_k, x_j^*)}, \quad x_j^* \in \{P\}^i \qquad (i = 1, 2, \cdots, C, \quad k = 1, 2, \cdots, v) \tag{9-13}$$

可以看出差异度是相似度的倒数，它的值是一个大于 1 的正数。

调和平均差异度可以看作测试样本与同一个类别的原型组成集合中的每个原型之间差异度的调和平均值。根据调和平均值的计算公式与差异度的计算公式，给出调和平均差异度的计算公式，其计算过程如下：

$$\text{HMD}\left( z_k, \{a_m^i\}_{m=1}^{n} \right) = \frac{n}{\sum_{m=1}^{n} \frac{1}{\text{diversity}(z_k, a_m^i)}} \tag{9-14}$$

为了说明在某一个类别中 HMD(·) 的作用，给出如下计算：

$$\frac{\partial\,\mathrm{HMD}\left(z_k,\{a_m^i\}_{m=1}^n\right)}{\partial\,\mathrm{diversity}\left(z_k,a_m^i\right)}=\frac{\partial\left[\dfrac{n}{\displaystyle\sum_{m=1}^n\dfrac{1}{\mathrm{diversity}\left(z_k,a_m^i\right)}}\right]}{\partial\,\mathrm{diversity}\left(z_k,a_m^i\right)}$$

$$=n\times\left(1\Big/\left(\mathrm{diversity}\left(z_k,a_m^i\right)\times\sum_{m=1}^n\frac{1}{\mathrm{diversity}\left(z_k,a_m^i\right)}\right)\right)^2$$

$$=\frac{\left(\mathrm{HMD}\left(z_k,\{a_m^i\}_{m=1}^n\right)\right)^2}{n\times\left(\mathrm{diversity}\left(z_k,a_m^i\right)\right)^2} \tag{9-15}$$

由式（9-15）可以看出，当参数 $n$ 设定后，分子中的 $\mathrm{HMD}\left(z_k,\{a_m^i\}_{m=1}^n\right)$ 是一个定值，分母中的 $\mathrm{diversity}\left(z_k,a_m^i\right)$ 越小，最终的结果越大。这说明了与测试样本之间具有更小差异度的原型会被赋予更大的权重。也就是说与测试样本之间具有更小差异度的原型对该测试样本的分类具有更大的作用。

（5）根据计算的调和平均差异度对测试样本进行分类，将测试样本分配给具有最小调和平均差异度的那一个类别。特殊的是：$n=1$ 时，式（9-16）可以转换为式（9-10），也就是说当 $n=1$ 时，MLMALMMo-0 就退化成 ALMMo-0：

$$\mathrm{label}(z_k)=\underset{i}{\arg\min}\,\mathrm{HMD}\left(z_k,\{a_m^i\}_{m=1}^n\right) \tag{9-16}$$

## 9.3 基于 CMRE 与 MLMALMMo-0 的故障诊断方法

第 8 章提出了复合多尺度极差熵（CMRE）。在 9.2 节中提出了 MLMALMMo-0。为了提高故障种类分类精度，引入线性判别分析（linear discriminant analysis，LDA）对提出的 CMRE 进行降维处理。LDA 的作用是将一个高维矩阵投影到一个低维矩阵，这个低维矩阵具有最小的类内离散度和最大的类间离散度。LDA 的计算过程如图 9-1 所示。

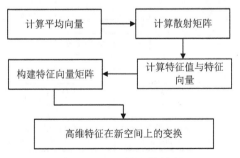

图 9-1 LDA 的计算过程

假设计算后的复合多尺度极差熵向量 $\boldsymbol{Y}=[\boldsymbol{y}_1,\boldsymbol{y}_2,\cdots,\boldsymbol{y}_n]\in\mathbb{R}^{d\times n}$，$n$ 是总的样本个数，$d$ 是维数。LDA 会自行监督学习一个线性变换矩阵 $\boldsymbol{W}\in\mathbb{R}^{d\times m}\,(m\ll d)$，将维度为 $d$ 的向量 $\boldsymbol{y}$ 经过变换矩阵的计算，从而映射到维度为 $m$ 的低维向量 $\boldsymbol{x}$：

$$\boldsymbol{x}=\boldsymbol{W}^{\mathrm{T}}\boldsymbol{y} \tag{9-17}$$

$Y$ 被归类为 $Y = [\varpi_1, \varpi_2, \cdots, \varpi_C]$，$C$ 表示总体样本集所拥有的类别数量，其大小取决于样本的类别划分。$\varpi_i \in \mathbb{R}^{d \times n_i}$ 是类别 $i$ 的数据集合，$n_i$ 是在所有的样本中类别为 $i$ 的样本数量。

最优的投影矩阵 $W$ 应该满足

$$S_t^{-1} S_w W = W \Lambda \qquad (9\text{-}18)$$

式中，$\Lambda$ 是 $S_t^{-1} S_w$ 的特征矩阵。

$S_t$ 是全类散射矩阵，计算过程如下：

$$S_t = \sum_{i=1}^{n} (y_i - \bar{y})(y_i - \bar{y})^{\mathrm{T}} \qquad (9\text{-}19)$$

式中，$y_i = \dfrac{1}{n_i} \sum_{j=1}^{n_i} y_j$；$\bar{y} = \dfrac{1}{n} \sum_{i=1}^{n} y_i$。

$S_w$ 是类内散射矩阵，计算过程如下：

$$S_w = \sum_{i=1}^{C} (y - \bar{y}_i)(y - \bar{y}_i)^{\mathrm{T}} \qquad (9\text{-}20)$$

基于提出的 CMRE、LDA 与 MLMALMMo-0，本节提出一种轴承故障诊断方法，具体的流程如下：

（1）设置 CMRE 的相关参数，本章中的参数设置为 $m = 2$，$\tau_{\max} = 25$，$\gamma = 0.2\mathrm{SD}$，计算每种轴承信号的 CMRE，构建初始故障特征集。

（2）利用 LDA 对提取的 CMRE 进行降维处理，构建降维处理后的特征样本集。

（3）对降维处理后的特征样本集进行划分，将其划分成训练样本与测试样本。将测试样本和训练样本分别输入 MLMALMMo-0 的训练阶段和测试阶段。

（4）输出最终的分类结果。

本章提出的故障诊断方法的流程图如图 9-2 所示。

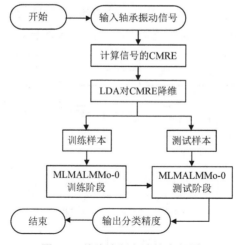

图 9-2　故障诊断方法的流程图

## 9.4　案　例　分　析

实验数据是来自美国凯斯西储大学提供的轴承数据。实验数据信息详见第 8 章。表 9-1 给出了轴承状态与标签的详细信息，在本实验中，正常状态的信号共有 70 个样本，外圈故障的信号共有 140 个样本，内圈故障的信号共有 140 个样本。随机从每类样本中选取 2/7 的样本用于训练，剩余样本用于测试。所以共有 100 个训练样本，250 个测试样本。实验同样进行 10 次。表 9-2 给出了不同方法的结果。

**表 9-1　轴承状态与标签**

| 状态 | 采样频率/Hz | 负载/lb | 样本数 | 简写 | 类别 |
|---|---|---|---|---|---|
| 正常 | 97656 | 270 | 70 | Normal | 1 |
| 外圈故障 | 48828 | 25 | 70 | OR | 2 |
|  | 48828 | 250 | 70 |  |  |
| 内圈故障 | 48828 | 100 | 70 | IR | 3 |
|  | 48828 | 300 | 70 |  |  |

注：1 lb=0.453592kg。

**表 9-2　不同方法的结果**

| 方法 | 分类精度/% | | | |
|---|---|---|---|---|
|  | 最大值 | 最小值 | 平均值 | 标准差 |
| MRE-ALMMo-0 | 95.6 | 92.0 | 93.88 | 1.386 |
| CMRE-ALMMo-0 | 98.0 | 96.4 | 96.96 | 0.506 |
| CMRE-LDA-ALMMo-0 | 98.4 | 96.4 | 97.48 | 0.823 |

在表 9-2 中，不同方法之间的区别在于分类器的输入不同。

在 MRE-ALMMo-0 的分类结果中，分类精度的最大值为 95.6%、最小值为 92%、平均值为 93.88%，分类精度的标准差是 0.01386。

在 CMRE-ALMMo-0 的分类结果中，分类精度的最大值是 98.0%，比第一种方法的分类精度最大值高 2.4%。CMRE-ALMMo-0 分类精度的最小值是 96.4%，比第一种方法分类精度的最小值高 4.4%。CMRE-ALMMo-0 分类精度的平均值是 96.96%，比第一种方法分类精度的平均值高 3.08%，CMRE-ALMMo-0 分类精度的标准差是 0.506%，比第一种方法分类精度的标准差低 0.88%。

CMRE-LDA-ALMMo-0 的分类结果中，分类精度的最大值是 98.4%，比未降维处理的第二种方法的分类精度的最大值高 0.4%。CMRE-LDA-ALMMo-0 分类精度的最小值是 96.4，与未经过降维处理的分类精度的最小值相同。CMRE-LDA-ALMMo-0 分类精度的平均值是 97.48%，比第二种方法的分类精度的平均值高 0.52%。CMRE-LDA-ALMMo-0 分类精度的标准差是 0.823%，比第二种方法的分类精度的标准差高 0.317%。

图 9-3 中给出了第一次实验中不同方法的分类结果。从图中可以看出，在此次实验中，MRE-ALMMo-0 的分类精度是 93.6%，共有 16 个样本出现了误分类。CMRE-ALMMo-0 的分类精度是 98.0%，共有 5 个样本发生了误分类。CMRE-ALMMo-0 的错

误分类情况具体如下：第 1 类中有两个样本错误分类到第 2 类；第 1 类有一个样本被错误分类到第 3 类；第 3 类的样本中，有一个样本被错误分类到第 2 类，有一个样本被错误分类到第 1 类。CMRE-LDA-ALMMo-0 的分类精度是 98.4%，共有 4 个样本被错误分类，在第 3 类中分别有两个样本和两个样本被错误分类到第 2 类和第 1 类。

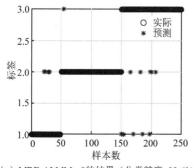
（a）MRE-ALMMo-0的结果（分类精度=93.6%）

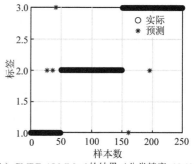
（b）CMRE-ALMMo-0的结果（分类精度=98.0%）

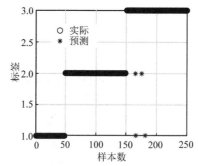
（c）CMRE-LDA-ALMMo-0的结果（分类精度=98.4%）

图 9-3  不同方法的分类结果

表 9-3 中列出了不同分类方法的分类结果，这些分类方法的输入都是在计算信号的 CMRE 后利用 LDA 降维处理的特征集合。其他分类方法的输入与 ALMMo-0 的完全相同。在分类方法为 MLMALMMo-0 的分类结果中，$n=2$、$n=3$、$n=4$、$n=5$ 时的分类精度的最大值都达到了 100%（$n=6$ 时不存在），并且在 $n=2$ 与 $n=3$ 时，MLMALMMo-0 的分类精度的最小值都是 99.2%，在 $n=4$ 与 $n=5$ 时，它的分类精度的最小值都是 99.6%。另外也可以看出，随着 $n$ 的增大，虽然分类所用时间越来越长，但是 MLMALMMo-0 分类精度的平均值呈逐渐增大的趋势，标准差相应也越来越小。还可以看出的是，在 $n=4$ 与 $n=5$ 时，MLMALMMo-0 分类精度的最大值、最小值、平均值、标准差完全相同，可以推知 $n=4$ 与 $n=5$ 每次的分类结果都相同，从分类时间的角度考虑，当 $n=4$ 时，MLMALMMo-0 的性能强于 $n=5$ 时 MLMALMMo-0 的性能。KNN 分类精度的最大值为 99.6%，分类精度的最小值与 KELM 的相同，都是 98.0%；KNN 分类精度的平均值是 98.64%，KNN 分类时间在所有方法中最长，分类时间是 0.9522s。LSSVM 分类精度的最大值是 98.4%，它的分类精度的最小值是 95.6%，比本章提出的 $n=4$ 时 MLMALMMo-0 分类精度的最小值低 4%；LSSVM 分类精度的平均值是 97.12%，比 $n=4$ 时 MLMALMMo-0 分类精度的平均值低 2.52%。另外，LSSVM 分类精度的标准差也比较

高，仅仅低于 ELM 与 GRNN 分类精度的标准差，比 $n=4$ 时 MLMALMMo-0 分类精度的标准差高 0.00712。ELM 分类精度的最大值是 93.6%，比 $n=4$ 时 MLMALMMo-0 分类精度的最大值低 6.4%；ELM 分类精度的最小值是 88%，比 $n=4$ 时 MLMALMMo-0 分类精度的最小值低 11.6%；ELM 分类精度的平均值是 91.36%，比 $n=4$ 时 MLMALMMo-0 分类精度的平均值低 8.28%；ELM 分类精度的标准差较大，分类结果比较不稳定，并且可以看出 ELM 分类时间最短。总的来说，本章提出的 MLMALLMo-0 分类效果是令人满意的。

表 9-3　不同分类方法的分类结果

| 分类方法 | 分类精度/% | | | | 分类时间/s |
| --- | --- | --- | --- | --- | --- |
| | 最大值 | 最小值 | 平均值 | 标准差 | |
| ALMMo-0 | 98.4 | 96.4 | 97.48 | 0.823 | 0.0743 |
| MLMALMMo-0($n=2$) | 100 | 99.2 | 99.52 | 0.253 | 0.2627 |
| MLMALMMo-0($n=3$) | 100 | 99.2 | 99.56 | 0.227 | 0.3371 |
| MLMALMMo-0($n=4$) | 100 | 99.6 | 99.64 | 0.127 | 0.407 |
| MLMALMMo-0($n=5$) | 100 | 99.6 | 99.64 | 0.127 | 0.4814 |
| KNN | 99.6 | 98.0 | 98.64 | 0.711 | 0.9522 |
| LSSVM | 98.4 | 95.6 | 97.12 | 0.839 | 0.1666 |
| ELM | 93.6 | 88.0 | 91.36 | 2.364 | 0.0326 |
| KELM | 99.2 | 98.0 | 98.68 | 0.424 | 0.0780 |

图 9-4 中给出了第一次实验中不同分类方法的分类结果。从图中可以看出，ALMMo-0 的分类精度是 98.4%，一共有 4 个样本被错误分类，具体情况如下：第 3 类样本中，有两个样本被错误分类到第 1 类，有两个样本被错误分类到第 2 类。MLMALMMo-0 的分类精度是 100%，在此次实验中没有被错误分类的样本（在本次实验中 $n=2$ 与 $n=3$，$n=4$，$n=5$ 时 MLMALMMo-0 的分类精度都是 100%）。KNN 的分类精度是 99.6%，只有第 1 类的一个样本被错误分类到第 3 类。LSSVM 的分类精度是 98.0%，共有 5 个样本被错误分类，被错误分类的样本具体情况是：第 1 类中有 3 个样本被错误分类到第 3 类，第 2 类中有一个样本被错误分类到第 1 类，第 3 类中有一个样本被错误分类到第 1 类。ELM 的分类精度是 90%，共有 25 个样本被错误地分类，这些被错误分类的样本在第 1 类、

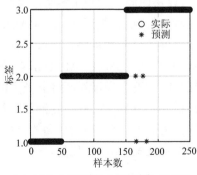

（a）ALMMo-0的结果（分类精度=98.4%）

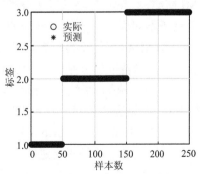

（b）MLMALMMo-0的结果（分类精度=100%）

图 9-4　不同分类方法的分类结果

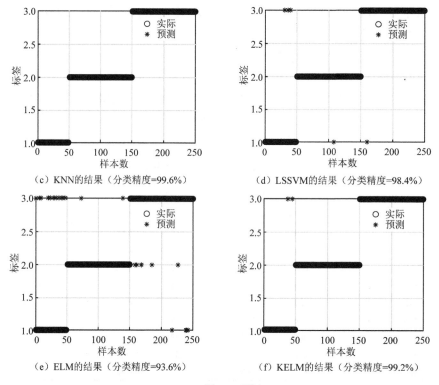

（c）KNN的结果（分类精度=99.6%）　　　　（d）LSSVM的结果（分类精度=98.4%）

（e）ELM的结果（分类精度=93.6%）　　　　（f）KELM的结果（分类精度=99.2%）

图 9-4（续）

2 类、3 类中都有出现。KELM 的分类精度是 99.2%，有两个样本被错误地分类，这两个错误分类的样本都是第 1 类中的样本分类到第 3 类。

## 9.5　本章小结

本章在零阶自主学习多模型分类器（ALMMo-0）的基础上提出了基于多局部均值的零阶自主学习多模型分类器（MLMALMMo-0），提出的 MLMALMMo-0 通过引入调和平均值的概念构建了调和平均差异度并将其作为样本分类的指标，通过理论分析说明了提出的 MLMALMMo-0 在测试样本分类时不仅可以考虑同一类别中多个原型的作用，能够合理地赋予不同原型对于样本分类的不同影响权重，而且揭示了 MLMALMMo-0 与未改进前的 ALMMo-0 之间的联系与区别。利用不同的轴承数据集，通过从轴承信号计算得到的同一故障特征集分别输入 MLMALMMo-0 与未改进前的 ALMMo-0，使用分类精度的最大值、最小值、平均值、标准差与消耗时间这五个指标对两种分类方法进行了定量分析对比。结果表明虽然本章提出的 MLMALMMo-0 比 ALMMo-0 消耗较长的时间，但是 MLMALMMo-0 比 ALMMo-0 具有更好的分类效果，可以得到更高的分类精度，并通过与其他常用分类方法的对比进一步证明了 MLMALMMo-0 的优势。

# 第 10 章　基于自适应稀疏脉冲反褶积和变分模态分解的新型滚动轴承早期故障诊断方法

目前，随着智能算法的快速发展，滚动轴承的故障诊断技术得到了快速发展。滚动轴承发生成熟故障时，其故障特征的提取较为容易；但是滚动轴承发生初期故障时，由于故障信号不明显且有外界条件的干扰，其故障特征的提取较为困难。因此，使用有效的方法对滚动轴承早期微弱故障特征的准确提取是现阶段的技术难点。第 6 章通过理论与仿真验证了变分模态分解（VMD）方法在滚动轴承故障诊断中的应用，并说明了 VMD 方法的缺陷，利用 6.3 节提出的多目标粒子群优化（MOPSO）算法并选用符号动力学熵和功率谱熵作为 MOPSO 算法的目标函数对 VMD 方法进行改进，使 VMD 方法中分解层数 $k$ 和惩罚因子 $\alpha$ 得到最优解，使其具有自适应性。同时，考虑噪声对 VMD 方法的影响较大，在强噪声环境中，VMD 方法对滚动轴承早期微弱故障的准确提取困难，所以在第 4 章提出了稀疏脉冲反褶积（SSD）算法，该算法对噪声的敏感度较小，并且突破了分辨率的限制，利用理论和仿真验证了该算法的优点和缺陷，其算法的缺陷是选用 L1 范数正则化作为稀疏约束条件，但是 L1 范数正则化参数对 SSD 算法的降噪效果具有一定的影响，同时利用仿真信号体现了准确地选择 L1 范数正则化参数的必要性。因此，4.2 节中利用量子行为粒子群优化（QPSO）算法对 SSD 算法中 L1 范数正则化参数进行优化改进，使其具有自适应性，即自适应稀疏脉冲反褶积（ASSD）。同时，使用 ASSD 算法与最大相关峭度反褶积（MCKD）方法进行比较，验证 ASSD 算法降噪效果的优越性。

本章在具有自适应 VMD 方法与 ASSD 算法的基础上，提出一种滚动轴承早期微弱故障诊断方法，在强噪声背景下对滚动轴承早期微弱复合故障信号的特征提取方法展开研究。

## 10.1　ASSD-VMD 方法的流程

本章提出的滚动轴承早期微弱故障诊断方法的基本步骤如下：首先，对故障信号进行 ASSD 降噪预处理；然后，将 ASSD 降噪以后的振动信号作为自适应 VMD 方法的原始信号；最后，使用自适应 VMD 方法进行早期微弱故障特征的准确提取。

本章所提方法处理滚动轴承早期微弱故障信号的步骤如下：

（1）利用量子行为粒子群优化（QPSO）算法对稀疏脉冲反褶积（SSD）中的 L1 范数正则化参数进行优化。使其具有自适应性，即自适应稀疏脉冲反褶积（ASSD）；

（2）对原始振动信号利用 ASSD 算法进行降噪预处理；

（3）利用多目标粒子群优化（MOPSO）算法对变分模态分解（VMD）方法中的分

解层数 $k$ 和惩罚因子 $\alpha$ 进行优化；

（4）将使用 ASSD 降噪处理的振动信号作为自适应 VMD 方法处理的原始信号；

（5）使用改进后的具有自适应性的 VMD 方法对信号进行分解，准确提取滚动轴承早期微弱故障特征。

ASSD-VMD 方法处理滚动轴承早期微弱故障信号的流程图如图 10-1 所示。

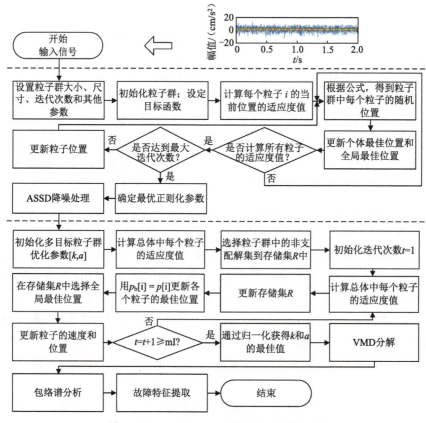

图 10-1 ASSD-VMD 方法故障诊断流程图

## 10.2 仿真信号分析

仿真信号 $x(t)$ 的组成表示如下：

$$x(t) = x_1(t) + x_2(t) + x_3(t) + x_4(t) \tag{10-1}$$

式中，$x(t)$ 为一个合成信号；组成信号 $x_1(t) = 2\sin(2\pi f_1 t)$ 为正弦波信号，$f_1$ 为正弦波信号的频率；组成信号 $x_2(t) = (1 + \cos(2\pi f_{n1}t) + \cos(2\pi f_{n2}t))\sin(2\pi f_z t)$ 是一个调幅调频信号，$f_{n1}$、$f_{n2}$ 为调制源的调制频率，$f_z$ 为载波频率；组成信号 $x_3(t) = A_m \times \exp(g/T_m)\sin(2\pi f_c t)$ 为周期性冲击信号，$A_m$ 为冲击幅值，$g$ 为阻尼系数，$T_m$ 为冲击周期，$f_c$ 为轴的转动频率；组成信号 $x_4(t)$ 是信噪比为 $-6.23\text{dB}$ 的噪声信号。

仿真信号的各参数设置如表 10-1 所示。

表 10-1　仿真信号参数

| $f_1$/Hz | $f_{n1}$/Hz | $f_{n2}$/Hz | $f_z$/Hz | $g$ | $T_m$/s | $f_c$/Hz | $A_m$ |
|---|---|---|---|---|---|---|---|
| 35 | 15 | 20 | 135 | 0.1 | 0.1 | 560 | 2 |

设定采样点数为 3000，采样频率为 1500Hz，图 10-2 所示分别为组成信号 $x_1(t)$、$x_2(t)$、$x_3(t)$、$x_4(t)$ 和合成信号 $x(t)$ 的时域图。

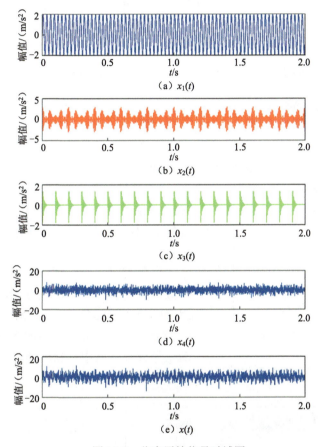

图 10-2　仿真原始信号时域图

在采用 ASSD-VMD 方法对该仿真信号进行处理之前，首先对该仿真信号进行 ASSD 降噪预处理，然后将 ASSD 降噪以后的振动信号作为自适应 VMD 方法分解的原始信号，最后使用 VMD 方法对滚动轴承早期微弱故障特征进行提取。同时，使用 MCKD-EEMD 方法进行对比分析。

对 SSD 算法中的 L1 范数正则化参数进行优化处理，其中，QPSO 算法参数设置如下：粒子大小为 30，迭代次数为 50，迭代收敛图如图 10-3 所示。由图可知，适应度函数的最小值是在第 12 代出现，其适应度值为 7.253，对应的 L1 范数正则化最优参数为 6.83。设置 ASSD 算法中正则化参数为 6.83，使用 ASSD 算法对仿真信号进行降噪处理。ASSD 算法降噪以后的时域图如图 10-4 所示。

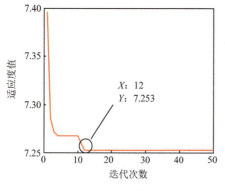

图 10-3　QPSO 算法迭代收敛图

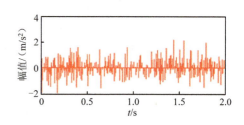

图 10-4　ASSD 算法处理信号结果图

由图 10-4 可知，ASSD 算法降噪效果明显，在时域图中出现脉冲谱线，为了提取准确的滚动轴承早期微弱故障特征，采用多目标粒子群优化（MOPSO）算法对 VMD 方法中的分解层数 $k$ 和惩罚因子 $\alpha$ 进行优化，使 VMD 方法具有自适应性。将 ASSD 算法降噪以后的振动信号作为 VMD 的原始信号。设置 MOPSO 算法的基本参数如下[66]：种群大小为 30，存储集规模为 20，最大迭代次数为 50，惯性权重为 0.53，学习因子 $c_1 = c_2 = 1.58$。

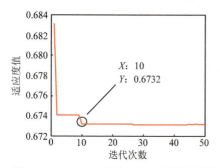

图 10-5　MOPSO 优化 VMD 参数迭代图

多目标粒子群寻优过程中得到 Pareto 前沿最优解集的适应度值随迭代次数的变化如图 10-5 所示。

由图 10-5 可知，适应度值的最小值为迭代次数为 10 代的 0.6732。搜寻到的最优影响参数组合 $[k,\alpha]=[3,4535]$，设定 VMD 方法参数 $k=3$，$\alpha=4535$。使用参数优化后的 VMD 方法进行振动信号分解，其中 VMD 方法分解信号结果如图 10-6 所示。

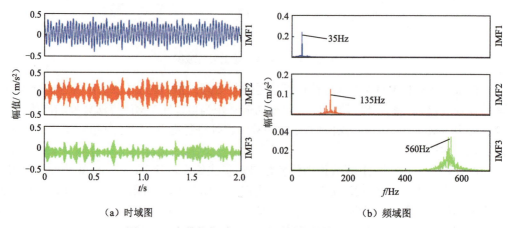

（a）时域图　　　　　　　　　　　　（b）频域图

图 10-6　参数优化后 VMD 方法分解信号结果图

由图 10-6 可知，改进以后的 VMD 方法在处理仿真信号时，分解得到了 3 层固有模态函数。通过分解得到的 IMF 的时–频谱图，可以发现，在 IMF1 中，原始信号中 35Hz 的频率成分被成功提取出来，其频谱特征十分明显；在 IMF2 中，调幅信号的 135Hz 中心频率成功地从含有强噪声的原始信号中分解出来；在 IMF3 中，冲击信号的固有频率 560Hz 被成功提取出来。

　　本章采用不同算法对同一仿真信号分解结果对比，进一步说明本章所提方法的可靠性、稳定性及有效性，本节将采用 MCKD-EEMD 方法对上述滚动轴承早期微弱复合故障仿真信号 $x(t)$ 进行分解，同时与 ASSD-VMD 方法进行对比分析，MCKD 方法分析结果如图 10-7 所示。使用 MCKD 方法降噪以后 EEMD 方法分解结果如图 10-8 所示。

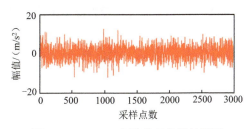

图 10-7　MCKD 方法处理信号结果图

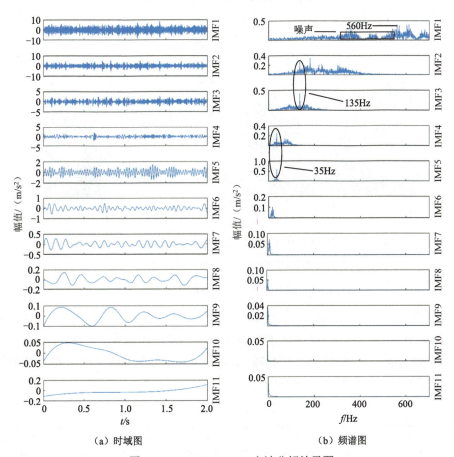

（a）时域图　　　　　　　　（b）频谱图

图 10-8　MCKD-EEMD 方法分解结果图

从图 10-8 时-频图中可以发现,MCKD-EEMD 方法在处理仿真信号时,分解得到了 11 层固有模态函数,但通过观察频域图发现,只有其中的前 5 层是有意义的。对于 EEMD 方法的分解结果,通过观察频域图可以发现,在 IMF1 中分解出频率为 560Hz 的固有频率分量,并且伴随着大量的噪声谱线;135Hz 的频率成分被分解到 IMF2 与 IMF3 中,发生了模态混叠;同时,35Hz 的频率被分解到 IMF4 与 IMF5 中,也发生了模态混叠现象。由此可知,虽然 EEMD 方法采用噪声辅助分析的思想,同时使用 MCKD 方法进行了降噪预处理,但是依旧无法避免模态混叠现象的发生。因此,通过对比两种方法的分解结果可知,在强噪声环境下,本章所提的方法不仅能有效消除 MCKD-EEMD 方法出现的模态混叠现象,而且能够获取明显的频率特征,进一步验证了本章所提方法的有效性和可靠性。

## 10.3　实验验证和分析

### 10.3.1　实验台设计

本章设计的实验台是封闭式功率流实验台,实验台布局如图 10-9 所示。其中,扭力杆的作用是产生负载力矩,进而实现对齿轮箱输出轴的加载。调速电机的作用是调节齿轮箱的转速,转速的调节范围为 120~1200r/min。实验轴承型号为 32212,采集信号的传感器的型号为 YD77SA 三向加速度传感器。

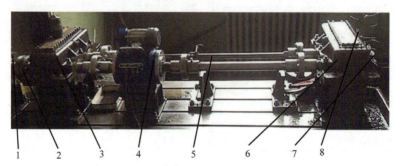

1. 调速电机;2. 联轴器;3. 无故障齿轮箱;4. 转速扭转仪;5. 扭力杆;6. 实验齿轮箱;

7. 三向加速度传感器 1#;8. 三向加速度传感器 2#。

图 10-9　齿轮传动实验台

本实验的一些实验参数如表 10-2 所示,控制台如图 10-10 所示。用电火花加工轴承的模拟故障如图 10-11 所示,故障类型包括轴承外圈故障和轴承滚动体故障。根据计算公式可知轴承外圈故障频率理论值为 162Hz,轴承滚动体故障频率理论值为 72Hz,齿轮齿面点蚀故障频率理论值为 180Hz。

表 10-2　实验参数

| 采样频率 $F_s$/Hz | 采样点数 $N$ | 负载转矩 $T$/(N·m) | 齿轮齿数 $z$ | 转速 $n$/(r·min⁻¹) | 转动频率 $f_n$/Hz | 外圈故障频率/Hz | 滚动体故障频率/Hz | 齿轮齿面点蚀故障频率/Hz |
|---|---|---|---|---|---|---|---|---|
| 8000 | 4096 | 1000 | 18 | 1200 | 20 | 162 | 72 | 180 |

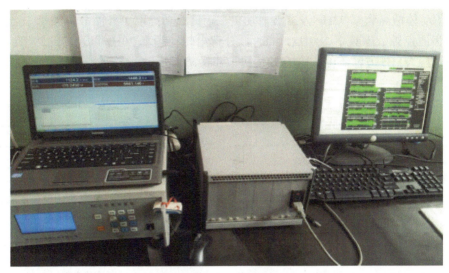

图 10-10　控制台

图 10-11　电火花加工故障轴承

## 10.3.2　实验信号分析

为了能够从工程实际的角度验证本章所提方法对强噪声环境下的滚动轴承早期微弱复合故障特征提取的可行性与有效性，利用本章设计的实验台得到实验数据信号，如图 10-12 所示。利用自适应 VMD、ASSD-VMD、MCKD-EEMD 方法对实验信号进行处理，进一步对比验证本章所提方法的可靠性与有效性。

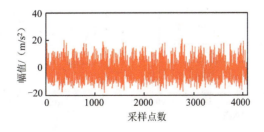

图 10-12　实验数据故障信号图

首先采用自适应 VMD 方法对故障信号进行故障特征提取，其时域图与包络谱图如图 10-13 所示。

由图可知，没有经过降噪处理的故障信号采用自适应 VMD 方法进行故障特征提取时，滚动体故障频率 72Hz 没有被成功提取，只成功提取了外圈故障频率 162Hz，以及齿轮齿面点蚀故障频率 180Hz。同时，分解出转动频率 20Hz 以及转动频率的倍频。所以自适应 VMD 方法不能完全有效地提取出故障频率。

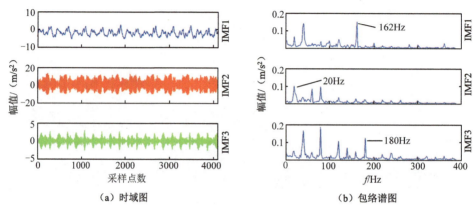

(a) 时域图　　　　　　　　　　　(b) 包络谱图

图 10-13　自适应 VMD 方法故障信号结果图

采用 ASSD-VMD 方法对故障信号进行故障特征提取，图 10-14 所示为使用 ASSD 算法降噪后的故障信号图，降噪以后采用自适应 VMD 方法处理实验信号的时域图与包络谱如图 10-15 所示。

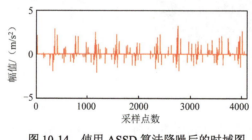

图 10-14　使用 ASSD 算法降噪后的时域图

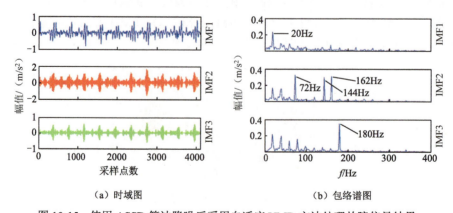

(a) 时域图　　　　　　　　　　　(b) 包络谱图

图 10-15　使用 ASSD 算法降噪后采用自适应 VMD 方法处理故障信号结果

由图 10-15 可知，首先经过 ASSD 算法降噪预处理故障信号，然后在采用自适应 VMD 方法进行故障特征提取时，滚动体近似故障频率 72Hz 和二倍频的故障频率 144Hz

被成功提取；同时成功提取出外圈故障频率 162Hz，以及齿轮齿面点蚀故障频率 180Hz。并且，分解出转动频率 20Hz 和转动频率的倍频。所以本章所提方法可以有效提取故障频率。

　　下面使用 MCKD-EEMD 方法对故障信号进行故障特征提取，其时域图与包络谱如图 10-16 所示。由图可知，首先经过 MCKD 方法降噪处理故障信号，然后采用 EEMD 方法进行故障特征提取，将其分解为 12 层，前 6 层有意义。其中滚动体故障频率 72Hz 没有被成功提取，只成功提取出外圈故障频率 162Hz，以及齿轮齿面点蚀故障频率 180Hz。同时，分解出齿轮的点蚀故障频率 180Hz 的二倍频的故障特征频率 360Hz。所以该方法不能完全有效地提取故障频率。

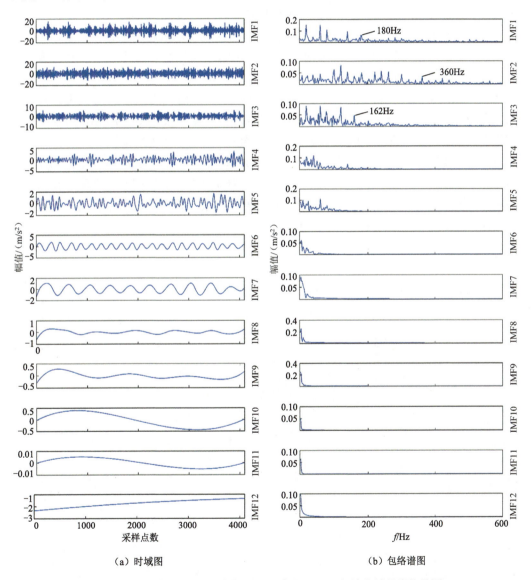

（a）时域图　　　　　　　　　　　　　　（b）包络谱图

图 10-16　经过 MCKD 方法降噪以后采用 EEMD 方法分解故障信号图

通过上述自适应 VMD、ASSD-VMD、MCKD-EEMD 方法对实验信号进行处理的比较可知，在强噪声环境下，ASSD-VMD 方法准确有效地提取了滚动轴承早期微弱故障特征频率 72Hz、160Hz。同时，齿轮齿面点蚀的故障频率 180Hz 也被提取出来。通过仿真对比和实验对比验证了本章所提方法的有效性和可靠性。

## 10.4　本　章　小　结

本节主要介绍了 ASSD-VMD 方法在滚动轴承早期微弱故障中的应用。使用仿真信号以及与不同方法的对比验证该方法的有效性；并且将该方法应用于实验数据中，通过与不同方法的对比，进一步验证该方法的准确性与可靠性。

（1）利用改进后的 VMD 方法对强噪声环境下滚动轴承故障特征进行提取，发现利用该方法对故障信号特征进行提取时，滚动轴承的滚动体低频故障频率没有被成功提取，体现出该方法在强噪声环境下的缺陷。

（2）利用 MCKD-EEMD 方法对强噪声环境下滚动轴承故障特征进行提取，发现该方法虽然使用 MCKD 方法预先对故障信号进行降噪处理，然后使用 EEMD 方法进行故障信号分解提取故障特征，但是出现了模态混叠和提取不完全的缺陷。

（3）通过使用多目标粒子群优化（MOPSO）算法与量子行为粒子群优化（QPSO）算法改进了 ASSD-VMD 方法，将改进后的 ASSD-VMD 方法应用于仿真信号和实验信号中，并且与不同的方法进行对比发现，在强噪声环境下，该方法可以有效地提取滚动轴承早期微弱故障特征频率。

# 第 11 章　基于 AWF-STFT 与 SSD 的齿轮箱故障诊断方法应用

使用优化的奇异谱分解（SSD）方法处理故障信号可以有效降低原信号中的噪声，但是在高频分量上的无法识别的噪声分量依旧存在。为了解决这一问题，本章将第 2 章提出的基于短时傅里叶变换的维纳滤波器（AWT-STFT）方法作为优化的 SSD 方法的前置滤波器。简而言之，就是在使用优化的 SSD 方法处理振动信号前，首先通过自适应 AWT-STFT 方法对原始振动信号进行降噪，然后再通过优化的 SSD 方法对故障信号进行分解处理。通过上述方法处理，就可以降低 SSD 方法受到的噪声干扰，从而极大地提高故障特征的提取效率。

## 11.1　案　例　分　析

为了验证基于 AWF-STFT 方法与 SSD 方法的齿轮箱故障诊断方法在解决实际问题中的效果，将此方法应用于处理风电齿轮箱复合故障信号诊断上。图 11-1 所示为风电齿轮箱实验台。

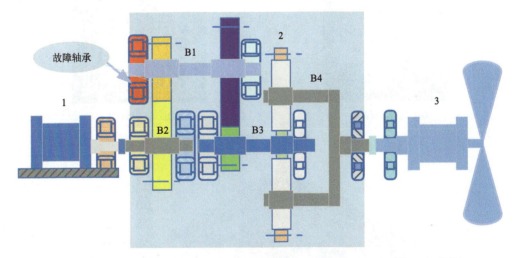

1. 电机；2. 行星齿轮；3. 电动机与叶片；B1. 中间轴；B2. 高速轴；B3. 低速轴；B4. 行星架。

图 11-1　风电齿轮箱实验台

风力发电机作为齿轮箱负载，随着加载功率增大，齿轮箱振动和噪声加强，为了准确定位故障，将传感器安装在轴承座与轴座上。实验时，输出轴的转动频率为 30.24Hz，中间轴的转动频率为 8.19Hz，低速轴的转动频率为 1.8Hz，数据采样频率为 5333Hz，通过式（11-1）、式（11-2）计算可得故障频率，其结果如表 11-1 所示。

轴承内圈故障特征频率为

$$f_i = f_s \times \frac{N}{2}\left[1 + \frac{d}{D}\cos\alpha\right] \tag{11-1}$$

轴承滚动体故障特征频率为

$$f_b = f_s \times \frac{D}{2d} \times N\left[1 - \left(\frac{d}{D}\right)^2\cos^2\alpha\right] \tag{11-2}$$

式中，$f_s$ 为轴承的转动频率；$N$ 为轴承滚动体个数；$d$ 为滚动体直径；$D$ 为轴承节圆直径；$\alpha$ 为轴承接触角。

表 11-1　故障频率

| 中间轴转速/(r·min⁻¹) | 中间轴转动频率/Hz | 内圈故障特征频率/Hz | 滚动体故障特征频率/Hz |
|---|---|---|---|
| 491.4 | 8.19 | 84.3 | 27.3 |

图 11-2 所示为某集团生产的风电齿轮箱电机轴承故障图，本研究采用轴承复合故障信号进行方法验证。图 11-3 所示为轴承故障信号经过 STFT 变换后的频谱图，其中 X

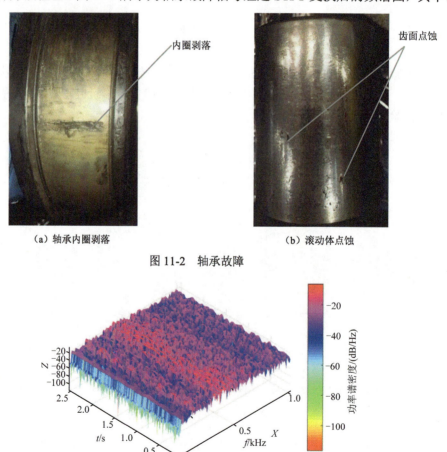

（a）轴承内圈剥落　　　　　　　　　（b）滚动体点蚀

图 11-2　轴承故障

图 11-3　风电齿轮箱复合故障信号频谱图

轴为频率，$Y$ 轴为时间，$Z$ 轴为信号的功率谱密度。从图中可以明显观察到信号包含大量噪声。

使用本章所提方法处理风电齿轮箱振动信号，采用三种目标函数分别评估振动信号的噪声含量，其结果如表 11-2 所示。对比三个结果可知，同一个信号使用不同的评估函数评估其噪声含量时存在明显的误差。为了准确评估信号中的噪声含量，本章采用图 2-21 所示的方法选择合适的评估函数。

表 11-2　三种目标函数对振动信号的评估结果

| 噪声种类 | 评估值/dB |
| --- | --- |
| 白噪声 | $-3.73\times10^{-4}$ |
| 白噪声/Chirp 信号 | $-5.43$ |
| 白噪声/Chirp 信号/调制信号 | $1.07\times10^{-4}$ |

根据表 11-2 得到的数据，本章首先将信噪比为$-3.73\times10^{-4}$dB 的噪声代入式（2-16），将含噪量为$-5.43$dB 的噪声代入式（2-28），将含噪量为$1.07\times10^{-4}$dB 的噪声代入式(2-31)，构建三个仿真信号模型，分别将其命名为模型 1、模型 2、模型 3；其次分别计算三个仿真模型与振动信号之间的互信息熵值，其结果如表 11-3 所示。根据互信息熵的理论可知，振动信号与模型 3 之间的关联性更强，振动信号与模型 1 之间的信息相互独立。因此本章选择评估"白噪声/Chirp 信号/调制信号"的函数评估 AWF-STFT 滤波器对振动信号的滤波效果。

表 11-3　三个模型与振动信号之间的互信息熵值

| 模型 | 互信息熵值 |
| --- | --- |
| 模型 1 | 0 |
| 模型 2 | 1.39 |
| 模型 3 | 1.62 |

AWF-STFT 处理振动信号结果如图 11-4 所示。对比图 11-3 与图 11-4 可知，振动信号中的噪声被明显滤除，此时生成树算法（STA）寻找的最佳滤波器长度 $L$ 为 996。因此，通过本章所提方法两次利用噪声评估函数，可以得到振动信号的最佳滤波效果，为下节信号的处理提供了一个低噪声环境，消除了噪声对微弱故障信号的影响。

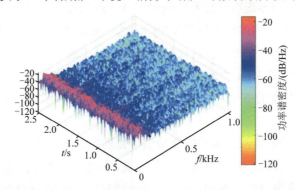

图 11-4　AWF-STFT 滤波后的信号频谱图（最佳滤波器长度 $L$=996）

原始信号与经过滤波器处理后信号的时域图如图 11-5 所示。对比图 11-5（a）、（b）可以明显观察到，图 11-5（b）中存在微弱的冲击信号形态，且原始信号中的噪声被滤除，为 SSD 方法的使用，提供了一个弱噪声环境。

本章使用改进停止准则的 SSD 方法对信号进行处理，其分解结果如图 11-6 所示。

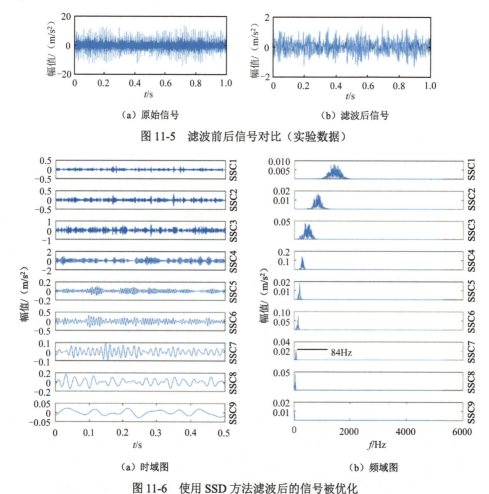

（a）原始信号　　　　　　　　　　　　　（b）滤波后信号

图 11-5　滤波前后信号对比（实验数据）

（a）时域图　　　　　　　　　　　　　（b）频域图

图 11-6　使用 SSD 方法滤波后的信号被优化

从频域图中可以明显观察到信号中包含部分噪声信号，其结论与图 11-5（b）一致。图中分量 SSC7 为 84Hz 的内圈故障频率信号，其中实际故障通过式（11-1）计算所得为 84.3Hz，由于轴承在制造过程中存在误差，因此 84Hz 这个频率是合理的，轴承内圈故障频率被提取。然而 27.3Hz 的轴承滚动体故障特征没有被提取，证明改进停止准则的 SSD 信号分解方法依然存在缺陷，因此本章使用图 5-16 所示的方法对滤波后的实验信号进行处理。

根据图 5-16 所提的方法，重构的实验信号需要被 SSD 方法分解，并计算每个分量信号的 MSE 值。将所得 MSE 值与阈值进行比较，如果存在大于阈值的 $SSCi(i=1,2,\cdots,9)$ 分量信号则剔除，将剩余信号重构，并再次进行 SSD，经过多次迭代最终得到不存在分量信号的 MSE 值大于阈值的情况，迭代终止。迭代终止时信号分解的时域图与频域图如图 11-7 所示。图中实测信号的故障频率 84Hz(SSC7)与 27Hz(SSC8)被提取，其中内圈故障频率通过式（11-1）计算所得为 84.3Hz，滚动体故障频率通过式（11-2）计算所得为 27.3Hz，由于轴承在制造过程中存在误差，因此 84Hz 和 27Hz 这两个频率是合理的。为了更清晰地观察信号结果，本章将单分量信号 SSC7 和 SSC8 放大得到图 11-8 所示的结果，验证了本章所提方法的有效性。每个信号分量的多尺度样本熵值与动态阈值的关系最终如图 11-9 所示。图中，虚线为噪声 MSE 的平均值，其值为 0.6973，SSC1～SSC9（MSE 值分别为 0.6527、0.6824、0.6365、0.5291、0.3399、0.3786、0.3499、0.3087、0.1870）的多尺度样本熵值均小于动态阈值。

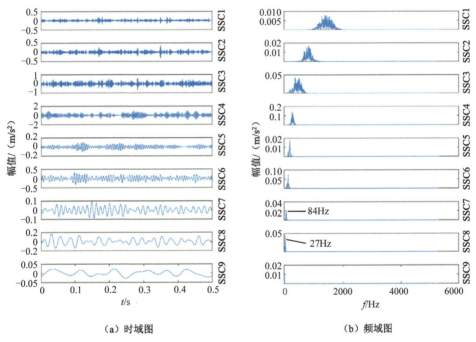

（a）时域图　　　　　　　　　　　　（b）频域图

图 11-7　故障特征频率提取

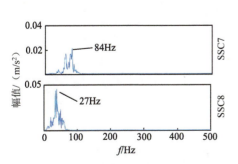

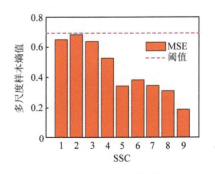

图 11-8　故障特征频率提取（放大）　　　图 11-9　各 SSC 分量多尺度样本熵值（迭代停止）

## 11.2　本　章　小　结

为了验证本章提出的新方法在工程实际应用上的可行性和优越性，采用齿轮箱工程实测案例来进行分析说明。通过某风电集团的齿轮箱轴承数据对其进行验证，结果表明新提出的方法在工程实际应用中仍然表现优异，相比于传统的方法，能更加有效的提取故障特征频率。

# 参 考 文 献

[1] 董玉兰. 基于变分模态分解和广义分形维数的滚动轴承故障诊断[D]. 秦皇岛：燕山大学，2016.

[2] 包红燕. 基于 MEMD 和条件熵相空间重构的滚动轴承故障诊断[D]. 秦皇岛：燕山大学，2014.

[3] 张云凤，赵民，刘伟东. 齿轮传动疲劳点蚀失效的试验研究[J]. 润滑与密封，2010，35(10)：22-24.

[4] 高攀. 直齿圆柱齿轮疲劳点蚀失效机理及实验研究[D]. 大连：大连理工大学，2015.

[5] 欧阳天成. 高速胶印机齿轮传动系统非线性动力学及弹流润滑研究[D]. 南京：东南大学，2016.

[6] 李宁，李威，肖望强. 对称与非对称齿轮齿根弯曲应力对比分析[J]. 北京科技大学学报，2013，35(1)：120-125.

[7] 吉科峰. 滑动轴承在风力发电齿轮箱中的应用[J]. 山西冶金，2017，40(3)：116-117.

[8] 汤迪. 风力发电机组齿轮箱故障诊断方法研究[D]. 西安：西安理工大学，2019.

[9] 刘牧原. 高速滚动轴承油气润滑实验研究[D]. 青岛：青岛理工大学，2015.

[10] 李明阳，马彪，李和言，等. 湿式铜基摩擦副局部接触对摩擦因数的影响[J]. 北京理工大学学报，2019，39(1)：53-57.

[11] 夏平，徐华，马再超. 采用改进 HVD 与 Lempel-Ziv 复杂性测度的滚动轴承早期损伤程度评估方法[J]. 西安交通大学学报，2017，51(6)：8-13.

[12] 高伟. 高速条件下的滚动轴承故障检测系统的设计与研究[D]. 沈阳：沈阳理工大学，2013.

[13] Wang Z, Wang J, Cai W, et al. Application of an improved ensemble local mean decomposition method for gearbox composite fault diagnosis[J]. Complexity, 2019, 2019(7): 1-17.

[14] 李宇飞，宋万清，陈剑雪. 无量纲参数滚动轴承长相关故障趋势预测[J]. 噪声与振动控制，2018，38(6)：147-151.

[15] 罗欢欢. 基于时域同步平均算法的行星齿轮箱故障诊断技术研究[D]. 南昌：南昌航空大学，2018.

[16] 刘志伟. 基于 EMD 与 AR 谱的某型舰炮减速器故障诊断[J]. 兵器装备工程学报，2012，33(10)：36-37.

[17] 周建民，张臣臣，王发令. 基于 ARMA 的滚动轴承振动数据预测[J]. 华东交通大学学报，2018，35(5)：103-107.

[18] Du W H, Zhou J, Wang Z J, et al. Application of improved singular spectrum decomposition method for composite fault diagnosis of gear boxes[J]. Sensors, 2018, 11(18): 3804.

[19] Liang B, Iwnicki S D, Zhao Y S. Application of power spectrum, cepstrum, higher order spectrum and neural network analyses for induction motor fault diagnosis[J]. Mechanical Systems and Signal Processing, 2013, 39(1): 342-360.

[20] Feng Z P, Liang M, Chu F L. Recent advances in time-frequency analysis methods for machinery fault diagnosis: a review with application examples[J]. Mechanical Systems and Signal Processing, 2013, 38(1): 165-205.

[21] Xiong L C, Shi T L, Yang S Z, et al. A novel application of wavelet-based bispectrum analysis to diagnose faults in gears[J]. International Journal of Comadem, 2002, 5(3): 31-38.

[22] Jr B E P, Ware H A, Wipf D P, et al. Fault diagnostics using statistical change detection in the bispectral domain[J]. Mechanical Systems & Signal Processing, 2000, 14(4): 561-570.

[23] 向强，秦开宇. 基于线性正则变换与短时傅里叶变换联合的时频分析方法[J]. 电子学报，2011，39(7)：1508-1513.

[24] Wang Z J, Zhou J, Wang J Y, et al. A novel fault diagnosis method of gearbox based on maximum kurtosis spectral entropy deconvolution[J]. IEEE Access, 2019, 7: 29520-29532.

[25] Huang N E, Shen Z, Long S, et al. The empirical mode decomposition and the Hilbert spectrum for nonlinear and non-stationary time series analysis[J]. Proceedings A, 1998, 454(1): 903-998.

[26] 李延峰，韩振南，刘邱祖. 基于 MED-EMD 和切片双谱的滚动轴承故障特征提取[J]. 轴承，2017 (11)：60-64.

[27] 程军圣，于德介，杨宇. 基于 EMD 的能量算子解调方法及其在机械故障诊断中的应用[J]. 机械工程学报，2004，40(8)：115-118.

[28] Wu Z H, Huang N E. Ensemble empirical mode decomposition: a noise-assisted data analysis method [J]. Advances in Adaptive Data Analysis, 2009, 1(1): 1-41.

[29] Wang Z J, Wang J Y, Kou Y F, et al. Weak fault diagnosis of wind turbine gearboxes based on MED-LMD[J]. Entropy, 2017, 19(6): 277.

[30] Bonizzi P, Karel J M H, Meste O, et al. Singular spectrum decomposition: a new method for time series decomposition[J].

Advances in Adaptive Data Analysis, 2014, 6(4): 1450011.

[31] 毛向东，袁惠群，孙华刚. 基于经验模式分解与奇异谱分析的微弱信号提取[J]. 制造业自动化，2014(21)：61-64.

[32] 胥永刚，张志新，马朝永. 改进奇异谱分解及其在轴承故障诊断中的应用[J]. 振动工程学报，2019(3)：540-547.

[33] Wang K J. On a High-pass filter described by local fractional derivative[J]. Fractals-Complex Geometry Patterns and Scaling in Nature and Society, 2020, 28(3): 2050031.

[34] Yang J H, Ruan D Y, Huang J W, et al. An embedding cost learning framework using GAN [J]. IEEE Transactions on Information Forensics and Security, 2020, 15: 839-851.

[35] Okedu K E. Improving the transient performance of DFIG wind turbine using pitch angle controller low pass filter timing and network side connected damper circuitry [J]. Iet Renewable Power Generation, 2020, 14(7): 1219-1227.

[36] Xiao F, Chen J, Xie X H, et al. SEARE: a system for exercise activity recognition and quality evaluation based on green Sensing [J]. IEEE Transactions on Emerging Topics in Computing, 2020, 8(3): 752-761.

[37] Guest E, Mijatovic N. Discrete-time complex bandpass filters for three-phase converter systems [J]. IEEE Transactions on Industrial Electronics, 2019,66(6):4650-4660.

[38] Murugesan S, Murali V. Disturbance injection based decentralized identification of accidental islanding [J]. IEEE Transactions on Industrial Electronics, 2020, 67(5): 3767-3775.

[39] Lin K W E, Balamurali B T, Koh E, et al. Singing voice separation using a deep convolutional neural network trained by ideal binary mask and cross entropy [J]. Neural Computing & Applications, 2020, 32(4): 1037-1050.

[40] Peng Y F, Li Z P, He K F, et al. Broadband mode decomposition and its application to the quality evaluation of welding inverter power source signals [J]. IEEE Transactions on Industrial Electronics, 2020, 67(11): 9734-9746.

[41] Yang F R, Wu M, Yang J. Stereophonic acoustic echo suppression based on wiener filter in the short-time fourier transform domain [J]. IEEE Signal Processing Letters, 2012, 19(4): 227-230.

[42] Wiener H. Structure determination of paraffin boiling points [J]. Journal of the American Chemical Society, 1947, 69(1): 17-20.

[43] Pardede H, Ramli K, Suryanto Y, et al. Speech enhancement for secure communication using coupled spectral subtraction and wiener filter [J]. Electronics, 2019, 8(8): 897.

[44] Kunche P, Mukhopadhyay C K. Efficient harmonic regeneration noise reduction-based Wiener filter for acoustic emission signal detection [J]. Electronics Letters, 2019, 55(22): 1163-1165.

[45] Arshaghi A, Ashourian M, Ghabeli L. De-noising medical images using machine learning, deep learning approaches: a survey [J]. Current medical Imaging, 2021, 17(5): 578-594.

[46] Salehi H, Vshidi J, Abdelajawad T, et al. A SAR image despeckling method based on an extended adaptive wiener filter and extended guided filter [J]. Remote Sensing, 2020, 12(15):2371.

[47] Laligant O, Truvhetet F, Fauvet E. Noise estimation from digital step-model signal [J]. IEEE Transactions on Image Processing, 2013, 22(12): 5158-5167.

[48] Donoho D, Johnstone D L. Ideal spacial adaptation via wavelet shrinkage [J]. Biometrica, 1994, 81(3): 425-455.

[49] Wang Z J, Du W H, Wang J Y, et al. Research and application of improved adaptive MOMEDA fault diagnosis method[J]. Measurement, 2019, 140: 63-75.

[50] McDonald G L, Zhao Q. Multipoint optimal minimum entropy deconvolution and convolution fix: application to vibration fault detection[J]. Mech. Syst. Signal Process, 2017, 82: 461-477.

[51] Velis D R. Stochastic sparse-spike deconvolution[J]. Geophysics, 2008, 73(1): R1-R9.

[52] Wang Z J, He G F, Du W H, et al. Application of parameter optimized variational mode decomposition method in fault diagnosis of gearbox[J]. IEEE Access, 2019(7): 44871-44882.

[53] 刘钰. 探地雷达数据波阻抗反演方法及其应用研究[D]. 杭州：浙江大学，2018.

[54] 王志坚，吴文轩，马维金，等. 基于 LMD-MS 的滚动轴承微弱故障提取方法[J]. 振动、测试与诊断，2018，38(5)：1014-1020.

[55] Fernandes R, Lopes H Gattass M. Lobbes: an algorithm for sparse-spike deconvolu-tion[J]. IEEE Geoscience and Remote Sensing Letters, 2017, 14(12): 2240-2244.

[56] Sun J, Fang W, Wu X J, et al. Quantum-behaved particle swarm optimization: analysis of individual particle behavior and parameter selection[J]. Evolutionary Computation, 2012, 20(3): 349-393.

[57] Li X L, Luo A R, Li J G. Air pollutant concentration forecast based on support vector regression and quantum-behaved particle swarm optimization[J]. Environmental Modeling & Assessment, 2019, 24(2): 205-222.

[58] 王志坚, 张纪平, 王俊元, 等. 基于 MED-MOMEDA 的风电齿轮箱复合故障特征提取研究[J]. 电机与控制学报, 2018.

[59] Wang L, Xiang J W, Liu Y. A time-frequency-based maximum correlated kurtosis deconvolution approach for detecting bearing faults under variable speed conditions[J]. Measurement Science & Technology, 2019, 30(12): 125005.

[60] Wang J Y, Wang J T, Du W H, et al. Application of a new enhanced deconvolution method in gearbox fault diagnosis[J]. Applied Sciences, 2019, 9(24): 5313.

[61] Li X Y, Dai K W, Wang Z P, et al. Lithium-ion batteries fault diagnostic for electric vehicles using sample entropy analysis method [J]. Journal of Energy Storage, 2020, 27: 101121.

[62] Shang Y L, Lu G P, Kang Y Z, et al. A multi-fault diagnosis method based on modified sample entropy for lithium-ion battery strings [J]. Journal of Power Sources, 2020, 446(15): 227275.

[63] Wang Z Y, Yao L G, Cai Y W. Rolling bearing fault diagnosis using generalized refined composite multiscale sample entropy and optimized support vector machine [J]. Measurement, 2020, 156: 107574.

[64] Li Y B, Wang X Z, Liu Z B, et al. The entropy algorithm and its variants in the fault diagnosis of rotating machinery: a review [J]. IEEE Access, 2018, 6: 66723-66741.

[65] Costa M, Goldberger A L, Peng C K. Multiscale entropy analysis of complex physioLoGic time series [J]. Physical Review Letters, 2002, 89(6): 068102.

[66] Zhou Y, He F Z, Qiu Y M. Dynamic strategy based parallel ant colony optimization on GPUs for TSPs[J]. Science China-Information Sciences, 2017, 60(6): 068102.

[67] 王志坚, 王俊元, 张纪平, 等. 基于改进 MOMEDA 的齿轮箱复合故障诊断[J]. 振动、测试与诊断, 2018, 38 (1): 176-181.

[68] Wang Z J, Wang J Y, Du W H. Research on fault diagnosis of gearbox with improved variational mode decomposition[J]. Sensors (Basel, Switzerland), 2018, 18(10): 3510.

[69] Vernekar K, Kumar H, Gangadharan K V. Engine gearbox fault diagnosis using empirical mode decomposition method and Naive Bayes algorithm[J]. Sadhana-Academy Proceedings in Engineering Sciences, 2017,42(7):1143-1153.

[70] Li Z, Jiang Y, Hu C Q, et al. Difference equation based empirical mode decomposition with application to separation enhancement of multi-fault vibration signals[J]. Journal of Difference Equations and Applications, 2017, 23(2): 457-467.

[71] Tabrizi A, Garibaldi L, Fasana A. Early damage detection of roller bearings using wavelet packet decomposition, ensemble empirical mode decomposition and support vector machine[J]. Meccanica, 2015, 50(3): 865-874.

[72] Smith J S. The local mean decomposition and its application to EEG perception data[J]. Journal of the Royal Society Interface, 2005, 2(5): 443-454.

[73] Yi C C, Lv Y, Zhang D. A fault diagnosis scheme for rolling bearing based on particle swarm optimization in variational mode decomposition[J]. Shock and Vibration, 2016 (5): 1-10.

[74] Marini F, Walczak B. Particle swarm optimization (PSO). A tutorial[J]. Chemometrics and Intelligent Laboratory Systems, 2015, 149: 153-165.

[75] Zhang X, Miao Q, Zhang H, et al. A parameter-adaptive VMD method based on grasshopper optimization algorithm to analyze vibration signals from rotating machinery[J]. Mechanical Systems & Signal Processing, 2018, 108: 58-72.

[76] Zhou Y, He F Z, Qiu Y M. Dynamic strategy based parallel ant colony optimization on GPUs for TSPs[J]. Science China-Information Sciences. 2017, 60(6): 068102.

[77] Yao C, Wang Z W, Zhang W H, et al. Particle swarm optimization algorithm to solve the deconvolution problem for rolling element bearing fault diagnosis[J]. ISA Transactions, 2019, 90: 244-267.

[78] Li Y B, Yang Y T, Wang X Z, et al. Early fault diagnosis of rolling bearings based on hierarchical symbol dynamic entropy and binary tree support vector machine[J]. Journal of Sound and Vibration, 2018, 428: 72-86.

[79] Tiwari R, Gupta V K, Kankar P K. Bearing fault diagnosis based on multi-scale permutation entropy and adaptive neuro fuzzy classifier[J]. Journal of Vibration and Control, 2015, 21(3): 461-467.

[80] 王志坚，常雪，王俊元，等. 排列熵优化改进变模态分解算法诊断齿轮箱故障[J]. 农业工程学报，2018，34(23)：59-66.

[81] Miao Y H, Zhao M, Lin J. Identification of mechanical compound-fault based on the improved parameter-adaptive variational mode decomposition[J]. ISA Transactions, 2019, 84: 82-95.

[82] Coello C A C, Pulido G T, Lechuga M S. Handling multiple objectives with particle swarm optimization[J]. IEEE Transactions on Evolutionary Computation, 2004, 8(3): 256-279.

[83] Fan S K S , Chang J M, Chuang Y C. A new multi-objective particle swarm optimizer using empirical movement and diversified search strategies[J]. Optimization and Engineering. 2015, 47(6): 750-770.

[84] 王维刚，刘占生. 多目标粒子群优化的支持向量机及其在齿轮故障诊断中的应用[J]. 振动工程学报，2013，26(5)：743-750.

[85] 吕轩，胡占齐，周海丽，等. 自适应最大相关峭度反褶积方法诊断齿轮轴承复合故障[J]. 农业工程学报，2019，35(12)：48-57.

[86] 张永强，荆建平，李亚伟，等. 基于 AR 模型的转子典型故障诊断方法[J]. 噪声与振动控制，2018，38(6)：155-160.

[87] 姜海燕. 基于小波与 AR 模型融合的滚动轴承故障诊断方法[J]. 工业控制计算机，2017，30(8)：46-47.

[88] 何翔，高宏力，郭亮，等. 基于 AR 模型和谱熵的自适应小波包络检测[J]. 中国机械工程，2017，28(3)：348-352.

[89] 胥永刚，孟志鹏，陆明，等. 基于双树复小波包和 AR 谱的滚动轴承复合故障诊断方法[J]. 北京工业大学学报，2014，40(3)：335-340.

[90] 程卫东，刘东东，赵德尊. 基于角域 AR 模型滤波的滚动轴承故障诊断[J]. 振动、测试与诊断，2018，38(3)：590-596.

[91] 栗蕴琦. 经验小波变换和支持向量机在滚动轴承故障诊断中的应用研究[D]. 成都：西南交通大学，2018.

[92] Wang D, Tsui K L, Qin Y. Optimization of segmentation fragments in empirical wavelet transform and its applications to extracting industrial bearing fault features[J]. Measurement, 2018, 13: 328-340.

[93] Mirjalili S, Mirjalili S M, Lewis A. Grey wolf optimizer[J]. Advances in Engineering Software, 2014, 69: 46-61.

[94] 郑近德，潘海洋，戚晓利，等. 基于改进经验小波变换的时频分析方法及其在滚动轴承故障诊断中的应用[J]. 电子学报，2018，46(2)：358-364.

[95] 魏禹. 基于熵值的齿轮箱故障特征提取与早期故障诊断方法研究[D]. 哈尔滨：哈尔滨工业大学，2019.

[96] Leung-Yan-Cheong S, Cover T. Some equivalences between Shannon entropy and Kolmogorov complexity[J]. IEEE Transactions on Information Theory, 1978, 24(3): 331-338.

[97] 韩中合，徐搏超，朱霄珣，等. 基于近似熵和集成经验模态分解的转子多故障诊断方法研究[J]. 中国机械工程，2016，27(16)：2186-2189.

[98] 王振浩，顾欣然，孙福军. 基于 EMD 近似熵的高压断路器故障诊断[J]. 高压电器，2018，54(10)：151-156.

[99] Richman J S, Moorman J R. PhysioLoGical time-series analysis using approximate entropy and sample entropy[J]. American Journal of Physiology Heart and Circulatory Physiology, 2000, 278(6): 2039-2049.

[100] 苏文胜，王奉涛，朱泓，等. 基于小波包样本熵的滚动轴承故障特征提取[J]. 振动、测试与诊断，2011，31(2)：162-166.

[101] Omidvarnia A, Mesbah M, Pedersen M, et al. Range entropy: a bridge between signal complexity and self-similarity[J]. Entropy, 2018, 20(12): 962.

[102] 李富国，王俊元，武增荣，等. 基于 MRE 与特征类的轴承故障诊断方法[J]. 制造技术与机床，2022(6)：50-54.

[103] 叶金义. 基于精细多尺度熵理论在轴承故障诊断中的运用[D]. 长沙：湖南大学，2018.

[104] Yan X A, Jia M P. Intelligent fault diagnosis of rotating machinery using improved multiscale dispersion entropy and mRMR feature selection[J]. Knowledge-Based Systems, 2018, 163: 450-471.

[105] Li Y J, Zhang W H, Xiong Q, et al. A rolling bearing fault diagnosis strategy based on improved multiscale permutation entropy and least squares SVM[J]. Journal of Mechanical Science and TechnoLoGy, 2017, 31(6): 2711-2722.

[106] Zheng L K, Wang Z J, Zhao Z Y, et al. Research of bearing fault diagnosis method based on multi-layer extreme learning machine optimized by novel ant lion algorithm[J]. IEEE Access, 2019, 7: 89845-89856.

[107] 王建国，陈帅，张超. 噪声参数最优 ELMD 与 LS-SVM 在轴承故障诊断中的应用与研究[J]. 振动与冲击，2017，36(5)：72-78.

[108] 秦波，孙国栋，陈帅，等. 排列熵与核极限学习机在滚动轴承故障诊断中的应用[J]. 组合机床与自动化加工技术，2017(2)：73-76.